地球

The Earth: A Very Short Introduction

U0118374

The Earth: A Very Short Introduction

# 地球

馬丁·雷德芬(Martin Redfern)著

馬睿 譯

UNIVERSITY PRESS

# OXFORD
### UNIVERSITY PRESS

Oxford University Press is a department of the University of Oxford.
It furthers the University's objective of excellence in research, scholarship,
and education by publishing worldwide. Oxford is a registered trade mark of
Oxford University Press in the UK and in certain other countries

Published in Hong Kong by
Oxford University Press (China) Limited
39/F, One Kowloon, 1 Wang Yuen Street, Kowloon Bay, Hong Kong

地球

馬丁‧雷德芬(Martin Redfern)著

馬睿 譯

ISBN: 978-0-19-943383-4

1 3 5 7 9 10 8 6 4 2

English text originally published as *The Earth: A Very Short Introduction*
by Oxford University Press © Martin Redfern 2003

# 目 錄

# 圖片鳴謝

The publisher and the author apolo gize for any errors or omissions in the above list. If contacted they will be pleased to rectify these at the earliest opportunity.

# 致謝

　　本書作者特此感謝以下諸位：感謝Arlene Judith Klotzko，本書的撰寫離不開她的引介；感謝Shelley Cox當初熱心約稿、Emma Simmons一貫耐心相助、David Mann及時提供插圖、Pauline Newman和Paul Davies提出頗有助益的意見、Marian和Edmund Redfern十分熱情地幫助我並替我審讀書稿、Robin Redfern也賣力相助；感謝激勵我始終保持嚴謹的無名讀者，以及撥冗與我交流，並用激情感染我的無數地質學家。

圖1　1972年12月從「阿波羅」17號上看到的行星地球

# 第一章
# 動態的地球

一旦有人從外太空拍攝一張地球的照片，一種前所未有但無可辯駁的全新觀念就要誕生了。

——霍伊爾爵士(Sir Fred Hoyle)[1]，1948年

　　如何在薄薄一本小冊子裏容納一個巨大的星球？尺幅千里已顯不足，不過倒有兩種天差地別的方法可供一試。一種是地質學採用的自下而上的方法：從本質上說，就是觀測岩石。數個世紀以來，地質學家們奔波於地球表面，用手中的小錘子探測不同的岩石類型以及構成這些岩石的礦物顆粒。他們先是利用肉眼和顯微鏡、電子探針和質譜儀，把地殼簡化為細小的組分。繼而又繪製出不同的岩石類型之間的聯繫，並通過理論、觀察和實驗，提出了岩石運動的假說。他們從事的是一項艱巨的事業，提出了不少深刻的見解。地質學家前仆後繼的努力構築了一座理論大廈，

---

1　弗雷德·霍伊爾爵士(1915–2001)，英國天文學家，英國皇家學會會員。著有多部學術專著、科普讀物、科幻小說，以及一部自傳。霍伊爾的許多研究成果不符合正統的學術觀點，但仍然被視為20世紀最有影響力的科學家之一。

為未來的地球科學家奠定了基礎。正因為有了這種自下而上的方法，我才得以撰寫本書，但這並不是我要採納的視角。我本意並不想寫一本岩石礦物和地質製圖指南，而是要為一個星球畫一幅肖像。

要觀察我們這個古老的星球，還有一個自上而下的新方法，也就是日漸為人們所知的地球系統科學的視角。它把地球看成一個整體，而不僅僅是「現在」這一刻凝固的模樣。採納了地質學的「深時」概念，我們開始把這個星球看成一個動態的系統，由一系列過程和循環組成。我們開始了解它的運作機理。

## 俯瞰

開篇那句話是天文學家弗雷德·霍伊爾爵士在1948年提出的預言，僅僅十年後，人類就開始了太空之旅。當無人駕駛的火箭在外太空拍下第一批地球照片時，當第一代宇航員親眼看到我們這個世界的全貌時，預言成真。最初的俯瞰並沒有揭示什麼關於地球的新秘密，卻已成為一個充滿象徵意義的符號。對於親眼看到那幅圖景的許多宇航員來說，那是一次動人的體驗：他們一直以來與之共存的這個世界竟然美麗如斯，又顯得那麼脆弱。地球科學也在同時經歷了自身的革命，這大概不是偶然。板塊構造的概念最終為世人所接受，其時距離魏格納(Alfred Wegener)[2]首次提

---

2　阿爾弗雷德·魏格納(1880–1930)，德國地質學家、氣象學家和天文學

出該理論已逾50載。海底探索揭示出海底是從洋中脊系統擴展而成的。它不斷漂移，迫使大陸分離或重組成新大陸。那些大陸一般大小的岩石板塊，其形體之巨遠超想像，卻也翩然跳出絢麗而古老的舞步。

　　大約同時，與人類在廣袤幽暗的太空中俯瞰到「地球」這個飄浮於其中的小小藍寶石一樣具有象徵意義，全球興起了一場環保運動，它的參與者既有對瀕臨滅絕的物種和雨林充滿感傷主義眷戀的普通人，也有開始採納全新視角、研究複雜互動的生態系統的科學家。如今，多數大學院系和研究組織都會用「地球科學」一詞取代「地質學」，因為人們已經意識到該學科的廣度絕不僅限於研究岩石。「地球系統」一詞也被日益廣泛地使用，因為人們認識到這些過程之間相互關聯的動態性質，不僅包括由岩石構成的固態地球，也包括其上的海洋、脆弱的大氣層，及其表面的薄薄一層生命體。我們生活的世界彷彿一顆洋蔥，由一系列同心圈層構成：最外是磁層和大氣層，繼而是生物圈和水圈，再到固態地球的多個圈層。它們並非都是球形，有些圈層的實體性也遠不如其他，但每個圈層都在努力維持着微妙的平衡。人們認為，這個系統的每個組成部分都不是固定不變的，其樣態更像

---

家，大陸漂移學說的創立者。1930年11月，他最後一次前往格陵蘭探險時身亡，享年50歲。

一個噴泉，整體結構或許能夠維持不變，卻會隨着通過的物質和能量的大小而展現出不同的姿態。

## 如果岩石能開口說話

岩石和石子可算不上口若懸河的說書人。它們靜坐着，任憑青苔聚集，推一把才會動一下，生性如此。然而地質學家有許多辦法令其開口。他們敲打之、切割之、擠之壓之、推之拖之，直到它們開口講述——有時還真要裂開才行。如果你懂得如何觀察，岩石會將它的歷史娓娓道來。岩石表面是最近的歷史：它如何受到風化侵蝕；那些風、水和冰留下的創痕，是它滄桑的容顏。還有些表面看不到的疤痕記錄着熱量和壓力的時期，以及這塊岩石被埋葬時的變形情況。當這些變化較為極端時，會形成所謂的變質岩。關於岩石的來歷也不乏線索。有些痕跡表明，它曾被熔融並從地球深層強推而上，在火山爆發時噴薄而出，或者侵入存在於地表的其他岩石，這些是火成岩。岩石內部礦物顆粒的大小可以揭示它們冷卻的速度有多快。大塊花崗岩冷卻緩慢，因此其中的晶體很大。火山玄武岩的固化速度很快，因而顆粒細小。先前的岩石經過碾壓的碎片會組成新的岩石。就這些岩石而言，碎片的大小往往能夠反映其形成過程中環境的力量：從在靜水中沉積而成的細粒葉岩和泥岩，到沙岩，再到由洶湧水流沖刷而成的粗粒礫岩。其他岩

石，諸如白堊和石灰岩，乃是在生命系統從大氣中吸收二氧化碳並使之在海水裏迅速凝結的過程中，由化學物質沉積而成的，這一過程聽上去彷彿是把藍天變成了頑石。

就連單個的礦物顆粒也有自己的故事。礦物學家能利用高精度質譜儀逐一分辨這些礦物顆粒的微小成分，甚至能夠揭示痕量成分中同位素的不同比例(即同種成分的不同原子的排列方式)。有時這些數據能幫助我們確定礦物顆粒形成的年代，從而了解它們是否來自更加古老的岩石。礦物學家還能揭示某一晶體(如鑽石)穿過地幔時經歷了哪些階段。就從海生生物體中提取的礦物質而言，研究其碳和氧同位素，甚至有助於測算在這些礦物質形成時海水的溫度和全球氣候。

## 其他世界

地球的問題就在於，我們只有一個地球。我們只能看到它當前的狀態，無法判斷這一切是不是一場美妙的巧合。這也就是地球科學家把關注的目光重新投向天文學的原因。有些新型望遠鏡的功能很強大，對紅外和次毫米波長輻射極為敏感，能夠用於深度觀測恒星形成區，了解在我們這個太陽系生成的過程中，曾經發生過怎樣的故事。在某些年輕的恒星周圍，人們通過望遠鏡觀察到滿是塵埃的光環，即所謂的原行星盤，它們有可能是正在形成的新的太陽系。不過要

找到一些完整成型的地球類行星則比較困難。直接觀察這樣一個行星圍繞一顆遙遠恒星的軌道旋轉，就像在高亮度探照燈附近尋找一隻小小的飛蛾。然而近年來，人們通過間接方法發現了一些行星，主要方法是監測母恒星在運動過程中由於重力作用產生的微小擺動。作用最明顯，因而也最先被發現的，似乎是由於那些行星比木星大得多，它們與其所環繞的恒星之間的距離也遠小於地日距離。這樣一來，就很難將其定義為「地球類行星」了。不過越來越多的證據表明，宇宙中確乎存在與我們的所在更加相像的多行星太陽系，但要找到像地球這樣宜人的小行星可沒那麼容易。

為了直接看到這樣的行星，需要使用人類一直夢寐以求的太空望遠鏡。美國和歐洲都在實施野心勃勃的計劃，力圖創建一個紅外望遠鏡網絡。其中每一台都要比哈勃太空望遠鏡大得多，必須將四五台這樣的望遠鏡密集編隊，把它們的信號組合在一起，才能解析整個行星。這些望遠鏡必須安置到木星那麼遠的位置，才能擺脫我們這個行星系所產生的渾濁不清的紅外光的干擾。但那樣一來，這些望遠鏡或許能夠探測到遙遠行星大氣層中的生命跡象，尤其是，它們或許能夠探測到臭氧。那也許意味着類地的氣候和化學條件，外加游離氧的存在，據我們所知，這是只有生命體才能夠維持的物質。

## 生命的跡象

1990年2月，「旅行者」1號探測器在遭遇木星和土星之後衝出太陽系，途中傳回了整個太陽系的第一張圖片；如果真有外星來客，他們看到的太陽系大概就是那樣一幅圖景。太陽這顆耀眼的恒星佔據了整個畫面，那已經是從60億公里之外拍攝的，相當於我們通常觀察太陽的距離的40倍。從圖片上幾乎看不到任何行星。地球本身比「旅行者」號攜帶的相機中的一個像素還要小，它發出的微弱光芒則縹緲如一束日光。這是我們全部的世界，看上去卻不過一粒微塵。但對於任何攜帶着適當工具的外星訪客而言，那個小小的藍色世界會立即引起他們的注意。與外行星狂暴肆虐的巨大氣囊、火星的寒冷乾燥或金星的酸性蒸氣浴不同，地球的一切條件都恰到好處。這裏存在三種水相——液體、冰和蒸氣。大氣組成不是已經達到平衡的死寂世界，而是活躍的，必須持續更新。大氣中有氧氣、臭氧，以及碳氫化合物的痕跡；這些物質如果不是在生命過程中持續更新，就不會長時間共存。這本身足以引起外星訪客的注意，更不用說這裏還有通訊、廣播和電視設備不絕於耳的聒噪了。

## 磁泡

我們對地球物理學還所知甚少。這並不是說這門學問深不可測，而是我們這顆行星的物理影響大大延

伸到星球的固體表面之外，深入我們所以為的寂寥太空。但那裏並非虛無。我們住在一串泡泡裏，它們像俄羅斯套娃一樣層層嵌套。地球的勢力範圍之外，是由太陽主宰的更大的泡泡。而那個大泡泡之外則是彼此重疊的多個泡泡，它們是很久很久以前由恒星或超新星爆炸產生的碎片不斷膨脹而形成的。所有這些泡泡都存在於我們的銀河系中，銀河系則是已知的宇宙之中諸多星系所組成的超星團的一員，而這個超星團本身，可能只是諸多世界的量子泡沫[3]中的一個泡泡而已。

在大多數情況下，地球的大氣層和磁場都在保護我們免受來自太空的輻射危害。如果沒有這層保護，地球表面的生命就會受到太陽紫外線和X射線、宇宙射線，以及星系間劇烈事件所產生的高能粒子的威脅。太陽還終年不斷地向外吹送粒子風，其組成主要是氫原子核或質子。這股太陽風一般以每秒400公里的速度掠過地球，在太陽暴期間，速度會增加三倍。它會瀰漫到數十億公里之外的太空中，越過所有行星，也許還會越過彗星的軌道，那些彗星軌道與太陽的距離要比地日距離遠上數千倍。太陽風非常稀薄，但足以在彗星接近太陽系的心臟部位時吹散彗尾，因此，

---

3　又稱時空泡沫，是1955年由美國物理學家約翰‧惠勒(John Archibald Wheeler)(1911–2008)提出的量子力學概念。「泡沫」即為概念化的宇宙結構的基礎。量子泡沫可用來描述普朗克長度(10–35米級別)的次原子粒子時空亂流。在如此微小的時空尺度上，時空不再平滑，不同的形狀會像泡沫一樣旋生旋滅。

彗尾總是指向偏離太陽的一方。在用薄如輕紗的巨型太陽帆來推進航天器這類富有想像力的提議之中，運用的也是同樣的原理。

地球憑藉着自身的磁場，即磁層，來躲避太陽風。太陽風帶電，所以是一種電流，無法穿越磁場線。相反，它會壓縮地球磁層的向陽一側，就像是海上行船時的頂頭波，並且順着風向拖出一個長尾，其長度幾乎能夠觸及月球軌道。磁層中捕獲的帶電粒子在磁場線之間組成粒子帶，並被迫旋轉，從而產生了輻射。1958年，詹姆斯·范艾倫(James van Allen)[4]在美國「探險者」1號衛星上放置了太空中第一個蓋革計數器，首次發現了這些輻射帶。要想延長航天器的使用壽命，就必須避開這些區域，沒有防護設備的宇航員一旦進入這些區域，也會性命難保。

地球的磁場線衝向極地，太陽風中的粒子也會在那裏進入大氣層，向下射出活躍的原子，產生壯觀的極光。在大氣層頂部，太陽風自身的氫離子會產生粉紅色的薄霧，其下方的氧離子產生紅寶石色的輝光，而同溫層中的氮離子則產生藍紫色和紅色的極光。偶爾，太陽風中的磁場線會被迫靠近地球的磁場線，使兩者重新接合，往往會導致能量的巨大釋放，形成更加壯觀的極光。

---

4　詹姆斯·范艾倫(1914–2006)，美國太空科學家。他促成了太空磁層場研究的創立，以發現范艾倫輻射帶而知名。

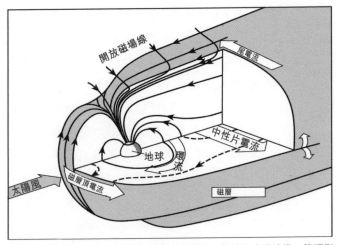

圖2　地球磁包層圖，太陽風將磁層向後掃進一個彗星式的結構。箭頭指示電流的方向

## 脆弱的面紗

　　大氣層的頂部沒有明確的高度；航天飛機所處的近地軌道距地面260公里，那裏的氣壓只有地面的十億分之一，幾乎就處於大氣層之外了。但那裏每一立方厘米空氣中仍有大約十億個原子，這些熱粒子帶電，因而對航天器會有腐蝕作用。在太陽活動最劇烈的時期，大氣層會輕微膨脹，對近地航天器產生更大的摩擦阻力，所以為了讓這些近地航天器保持在軌道之中，必須加大推力。80公里之上的頂部大氣層有時被稱為熱大氣層，因為那裏非常熱，不過那裏的空氣非常稀薄，不會灼傷皮膚。

大氣層的這一區域還會吸收太陽發出的危險的X射線和部分紫外線輻射。因此，很多原子被「離子化」了，也就是說它們會失去一個電子。基於這一原因，熱大氣層也叫電離層。電離層導電，會反射某些頻率的無線電波，這就是為什麼全世界的人可以通過設置在地平線上方的發射機傳送信號，聽到短波無線電的廣播。

地面之上僅僅20公里處，在熱大氣層、中間層和大部分同溫層之下，大氣中的空氣含量仍不足10%。正是在這一高度附近，存在一個稀薄的臭氧層，所謂臭氧，即含有三個氧原子的分子。含有兩個原子的普通氧分子被太陽輻射分離時，其中的一些就會重組為三原子的臭氧。對地球而言，臭氧是一種高效的防曬霜。如果地球大氣層中所有的臭氧都濃縮在地面，就會形成一層只有約三毫米厚的臭氧層。但它依然能夠過濾近乎全部的短波紫外線輻射——這是太陽發出的最危險的輻射——以及大部分中波紫外線。因此，臭氧層讓生命免受曬傷和皮膚癌的威脅。由於人類活動所釋放的氯氟烴等化學物質的嚴重破壞，整個臭氧層變得稀薄，而在清寒的春季，極地區域上空特有的臭氧空洞也越來越多。各個國際協定的簽署有效放緩了氯氟烴的釋放，臭氧層應該會恢復如初，但化學物質會長期存在，臭氧層的復原仍需時間。

## 循環與周期

對流層位於大氣層最接近地面的15公里範圍內，是活動最頻繁的區域。天氣變化就發生在這裏。雲生雲消，風起風止，地球上的溫濕轉換，都在這裏進行。在一個充滿生機的星球上，一切看上去都像是能量的循環和流動。在靠近地表的對流層，這些循環都是由太陽能驅動的。隨着地球繞自軸旋轉，生成明顯的畫夜更迭，地面也隨之冷熱交替；地球繞太陽公轉則產生了一年內的季節變換，這是因為兩個半球輪換着接收到更多的陽光。但還有比這更長的周期，比如地軸以數十萬年為周期來回擺動。

就像地球繞太陽旋轉一樣，月球也繞着地球旋轉。繞行一圈大約需要28天，這正是月份的由來。隨着地球繞軸自轉，月球的引力拉動地球周圍的海水上漲，引發了潮汐。潮汐還能夠抑制地球自轉，畫夜更迭隨之放緩。四億年前的珊瑚化石上的日增長帶表明，當時的畫夜時間要比現在短幾個小時。

月球有助於地球的公轉軌道保持穩定，從而穩定了氣候。不過還有比這長得多的周期在起作用。地球圍繞太陽公轉的軌道並非標準圓形，而是一個橢圓，太陽位於兩個焦點之一。因此，地日距離隨着地球的公轉而時刻變化着。此外，變化程度本身也會在95800年的周期內發生變化。而地球的自轉軸也像失去平衡的陀螺那樣，緩慢搖擺或按歲差旋進。在一個21700

年的時間周期，地軸的軌跡可以描繪成一個完整的錐形。當前，地球在北半球的冬季距離太陽最近。地球自轉軸與其繞太陽公轉的軌道間的傾斜度(傾角)也會在41000年的時間周期內發生變化。這些所謂的米蘭柯維奇循環[5]經過數萬乃至數十萬年的累積，就會對氣候產生影響。325萬年來，地球受到冰川期等現象的影響，都被歸咎於米蘭柯維奇循環。但事實上原因很可能更加複雜，這些循環的作用往往還會被海洋循環、雲量、大氣組成、火山氣溶膠、岩石的風化、生物生產力等因素放大或縮小。

## 太陽周期

變化周期並不僅限於地球，太陽也會變化。在其50億年的生命歷程中，太陽變得越來越熱。然而同一時期，由於溫室氣體水平下降，地球的表面溫度卻要恒定得多。這主要是生命體在起作用，植物和藻類消耗了大量二氧化碳，而二氧化碳的作用就像一張毛毯，給年輕的地球保暖。太陽還發生了其他變化。常規的太陽周期為11年，其間太陽黑子活動由盛轉衰，繼而反映出太陽磁活動的周期，而太陽磁活動產生了太陽暴和太陽風。其他類日恒星似乎有大約三分之一

---

5　塞爾維亞地球物理學家和天文學家米盧廷‧米蘭柯維奇(Milutin Milankovitch)在描述地球氣候整體運動時所提出的理論。

的時間沒有太陽黑子，這一狀態被稱為蒙德極小期[6]。我們的太陽在公元1645–1715年間曾發生過這種情況。太陽能只下降了大約0.5%，卻足以讓北歐陷入所謂的「小冰川期」，經歷一連串極其嚴酷的冬天。彼時寒冬冰封了倫敦的泰晤士河，也就有了在冰面上舉辦的集市和霜降會[7]。

## 炙熱的空氣

太陽並非普施溫暖，赤道地區最暖和。空氣受熱膨脹，氣壓升高。為恢復平衡，就有了風和空氣流通。在這一切發生的同時，地球繼續自轉，空氣也因而獲得了角動量。赤道地區的角動量最大，結果產生了所謂的科里奧利效應。大氣層與固體的星球並非緊密耦合，因此，當赤道風起時，風的動量與其下地表的自轉無關。也就是說相對於地表，風在北半球彎向右側，而在南半球則彎向左側。這形成了高氣壓和低氣壓的空氣循環體系，也就是給我們帶來雨水或陽光的天氣系統。

大片陸地和山脈也會影響熱循環和水分循環。比如，在喜馬拉雅山脈隆起之前是沒有印度季風的。最

---

6　英國天文學家蒙德(Edward Walter Maunder)(1851–1928)在進行太陽黑子與太陽磁力周期的研究時，發現在大約1645至1715年的這段時間，太陽黑子非常稀少，這個時期即後來以他的名字命名的蒙德極小期。

7　17至19世紀初期的某些冬天在倫敦泰晤士河潮汐水道上舉辦的集市。

重要的是，海洋在儲存熱能和環球傳輸熱能方面發揮了重大作用。海洋頂部兩米的熱容量與整個大氣層相當。與此同時，洋流中也進行着熱循環。但表層環流並非全部。北大西洋的灣流就很能說明問題。北大西洋灣流攜帶着來自墨西哥灣的暖水流向北部和東部，這也是歐洲西北部冬季的天氣比美國東北部溫和得多的原因之一。隨着暖水流向北方，其中一部分蒸發到雲中，因而即使英國人外出度假，他們頭頂上似乎也總是籠罩着這團裹帶着水蒸氣的雲。餘下的海洋表層水冷卻下來，鹽度也與日俱增。如此一來，這些表層水的密度也會上升，最終下沉，向南流到大西洋深處，大洋環流的傳送帶至此結束。

## 突然襲來的嚴寒

　　大約11000年前，地球結束了最後一次冰川期。冰雪融化，海平面上升，氣候普遍變暖。緊接着，不過數年之後，天氣突然再次變冷。這一變化在愛爾蘭尤為突出，在那裏，沉積岩芯中的花粉顯示，植被突然從溫帶疏林恢復成苔原，後者主要是一種仙女木屬植物。拉蒙特－多爾蒂地質觀測所的布勒克爾(Wally Broecker)對當時可能的情況進行了研究。隨着北美地區的冰原後退，融化的淡水在加拿大中部形成了一個巨大的湖，其規模遠比如今的北美五大湖地區要大得多。起初，湖水沿着一條大岩脊的方向流入密西西比

河。隨着冰層後退，東面突然出現了一條流向聖勞倫斯河的水路，海拔低得多。這個巨大冰冷的淡水湖幾乎立即流向了北大西洋。入海的水量如此之大，海平面隨即上升了30米之高。入海的淡水稀釋了北大西洋表層水的鹽分，事實上制止了大洋環流的傳送帶。因此，再也沒有流向北大西洋的暖流，極寒天氣捲土重來。1000年後，就像此前突然消失一樣，大洋環流突然又重新開始，溫暖的氣候也回來了。

北大西洋的深水與南極地區冰冷的底層水一起，在遠至印度洋和太平洋的深處找到了歸宿。深層流持續匯入北太平洋，在其再次上升到表面之前，慢慢積累了各種養分。

## 全球溫室

地球大氣層中某些氣體的作用就像溫室的玻璃一樣，把陽光放進來加熱地表，卻也能阻止所產生的紅外熱輻射逸出。如果不是溫室效應的作用，全球平均氣溫會比現在低15℃左右，生命幾乎無法維繫。溫室氣體主要是二氧化碳，但包括甲烷在內的其他氣體也起着重要作用。水蒸氣也一樣，人們有時會忘記它在這方面的貢獻。在數億年時間裏，植物通過光合作用從大氣中消除二氧化碳，動物通過呼吸產生二氧化碳，已經形成了一個大致的平衡。大量的碳埋藏在石

灰岩、白堊和煤炭等沉積物中，火山爆發則將碳從地球內部釋放出來。

近年來，人們越來越關注所謂的溫室效應加劇，即人類活動引起大氣層中的溫室氣體水平顯著上升。煤炭和石油等化石燃料的燃燒是罪魁禍首，但農業活動會產生甲烷，砍伐森林會從木材和土壤中釋放二氧化碳，植被減少使得二氧化碳無法被再次吸收等，也難辭其咎。氣候模型顯示，這些活動可能會導致全球氣溫在下個世紀上升若干度，同時伴隨着更為劇烈的極端氣候，並有可能導致海平面上升。

## 氣候變化

1958年以來，有人仔細記錄了夏威夷某座孤峰上二氧化碳水平持續的年增長率。全世界連續130多年的精確氣候數據證實，全球平均氣溫升高了半度左右，最近30年的影響尤為顯著。但自然界的氣候記錄可以追溯到很久以前的遠古時期。樹木的年輪載列出在它們存活期間乾旱和嚴霜的發生以及野火的頻率。從現今保存的木材的重疊層序向前推測，可以顯示5萬年前的氣候狀況。珊瑚的生長輪可揭示同一時段的海表溫度。沉積物中的花粉粒記錄了700萬年間植被格局的變遷。地形展現了過去的冰川作用和數十億年間的海平面變化。但某些最為精確的記錄來自鑽探得到的冰核與海洋沉積物。冰核不但顯示了積雪的速度及圈

閉的火山灰，冰裏的氣泡還提供了雪中圈閉的遠古大氣樣本。氫、碳和氧的同位素也能標示當時的全球溫度。如今，南極洲和格陵蘭的冰層記錄能夠追溯到40萬年以前。大洋鑽井計劃在全球各處的海洋沉積物中取樣，可獲得遠至1.8億年前的記錄。圈閉在這些沉積物中的微體化石的同位素比值可以揭示出溫度、鹽度、大氣二氧化碳水平、大洋環流，以及極地冰冠的範圍。所有這些不同的記錄表明，氣候變化是無可逃遁的現實，在漫長的過去，氣候要比我們如今體驗到的暖和得多。

## 生命的網絡

　　生命是地球最脆弱的圈層，但它或許對地球產生了最為深遠的影響。如果沒有生命，地球也許會像金星一樣，成為一個失控的溫室世界，或是像火星一樣，成為一片寒冷的沙漠。當然也不會有溫和的氣候和為我們提供養分的富氧大氣。我們已經知道，原始藻類通過吸收二氧化碳覆蓋層，破壞了年輕地球的隔熱罩，一度跟為之供暖的太陽亦步亦趨。獨立科學家詹姆斯·洛夫洛克(James Lovelock)認為，這樣的反饋機制將陸地氣候維持了20億年以上。他使用古希臘神話中大地女神「蓋亞」(Gaia)的名字為該機制命名。洛夫洛克並未假稱這一控制中存在着任何有意識或有預謀的成分；「蓋亞」沒有什麼神力。但主要以細菌

和藻類形式存在的生命，的確在這一自我平衡的過程中起到了舉足輕重的作用，使地球變得宜居。一個名為「雛菊世界」的簡單計算機模型顯示，兩個或兩個以上的競爭物種能夠在適於生存的限制條件下建立起控制環境的負反饋機制。洛夫洛克猜想，隨着人類活

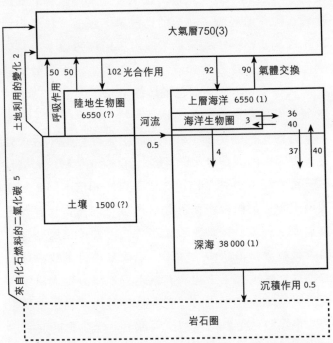

圖3　碳循環。這一簡化圖表顯示了儲存在大氣層、海洋和陸地中的碳總量(以10億噸為單位)估計值。箭頭旁的數字表示儲存量的年度變化值，括號中的數字表示年度淨增值。與大多數其他變量相比，燃燒化石燃料的貢獻值很小，但足以打破平衡。

動加劇溫室效應，地球的全球系統會逐步適應這種變化，即使這類適應可能對人類不利。

## 碳循環

　　碳元素在無休無止地移動。每年大約有1280億噸碳通過陸地上的種種過程，以二氧化碳的形式釋放到大氣中，而幾乎同樣大量的碳又會立刻被植物和矽酸鹽岩石風化所吸收。海上的情況與之類似，只是吸收量比釋放量略多一些。如果沒有火山爆發以及每年燃燒化石燃料所釋放的50億噸碳，整個系統大致會處於平衡狀態。大氣層中保持的碳總量相當少——只有7.4億噸，僅比陸地上的動植物所保持的略多一些，比海洋生物所保持的略少一些。相比之下，以溶劑方式儲存在海洋中的碳總量洋洋可觀，高達340億噸，而儲存在沉積物中的碳總量比這還要高出2000倍。因此，在碳循環中，溶解和沉澱等物理過程可能比生物過程更為重要。但生命體似乎手握王牌。浮游植物所結合的碳會被釋放回海水中，如果不是由於橈足動物糞球粒的物理屬性，接下來也將非常迅速地釋放到大氣中。橈足動物是一種微小的浮游動物，其排泄物是質地緊密的小顆粒，可以緩慢地沉入深海，至少暫時將其中所含的碳從碳循環中除去。

## 宛若洋蔥

地球的內部就像一顆洋蔥，由一系列同心殼或同心層組成。頂部是一層硬殼，海洋下的平均厚度為7公里，大陸下為35公里。這層硬殼位於地幔上方堅硬的岩石層之上，其下是較為柔軟的軟流層。上地幔的範

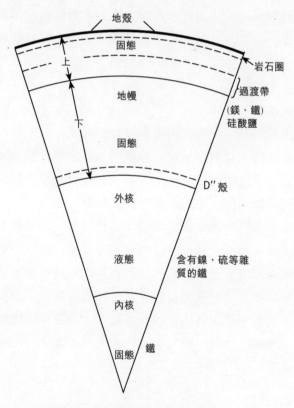

圖4　地球徑向切面上顯示的主要「洋蔥」圈層

圍深達670公里左右，下地幔則深至2900公里。在一層薄薄的過渡層下，是熔融的鐵所組成的液態外核以及大小相當於月球的固態鐵質內核。但這不是一顆完美的洋蔥。各圈層之間存在着橫向差異，圈層的厚度也不盡相同，而且我們現在知道，圈層之間還持續進行着物質交換。我們的星球與完美的洋蔥模型之間最顯著的差異，正是現代地球物理學最不關心也最漠視的部分，而我們恰可以從那裏找到線索，了解是哪些過程在驅動整個系統的運行。

## 熔岩燈

　　還記得1960年代流行的熔岩燈和後來數不清的復古產品嗎？它們是地球內部運轉過程的絕佳模型。關燈時，在透明的油質層之下有一層紅色的粘性半流體物質。開燈時，底部的燈絲將其加熱，這層紅色半流體受熱膨脹，密度因此降低，開始以延展的塊狀上升到油層頂部。一旦充分冷卻，它又下沉回原位。地球的地幔中情況也是如此。放射性衰變和地核所產生的熱量驅動着某種熱力發動機，地幔中並非完全固態的岩石在數十億年時間裏緩慢循環。正是這種循環驅動了板塊構造運動，導致大陸漂移，並引發了火山爆發和地震。

## 行星數據

| | |
|---|---|
| 赤道直徑 | 12 756公里 |
| 體積 | $1.084 \times 1012$ 立方公里 |
| 質量 | $5.9742 \times 1024$公斤 |
| 密度 | 水的5.52倍 |
| 表面重力 | 9.78米／秒–2 |
| 逃逸速度 | 11.18公里／秒–1 |
| 晝長 | 23.9345小時 |
| 年長 | 365.256天 |
| 軸向傾角 | 23.44° |
| 年齡 | 大約46億年 |
| 距離太陽 | 近日點：1億4700萬公里 |
| | 遠日點：1億5200萬公里 |
| 表面積 | 50億9600萬平方公里 |
| 陸地表面 | 1億4800萬平方公里 |
| 海洋覆蓋 | 71%的表面積 |
| 大氣層 | 氮氣78%，氧氣21% |
| 陸殼 | 平均35公里厚 |
| 洋殼 | 平均7公里厚 |
| 岩石圈 | 深達75公里 |
| 地幔(矽酸鹽) | 2900公里厚 |
| | 基部溫度約3000°C |
| 外核(液態鐵) | 2200公里厚 |
| | 基部溫度約4000°C |
| 內核(固態鐵) | 1200公里厚 |
| | 中心溫度高達5000°C |

## 岩石循環

在地表，我們腳下的熱力發動機與頭頂的太陽灶彼此呼應，其協同作用驅動了岩石周而復始的循環。地幔循環和大陸碰撞所抬升的山脈受到了太陽能驅動的風、雨和雪的侵蝕。化學過程也在起作用。大氣層的氧化，活生物所產生的酸的化學溶解，以及溶解的氣體均有助於分解岩石。大量的二氧化碳可以溶解在雨水中，形成導致化學風化作用的弱酸，把矽酸鹽礦物變成粘土。這些殘餘的岩石被衝回，沉在河口和海底，形成新的沉積物，最終被抬升形成新的山脈，或沉回地幔進入深層的再循環。整個過程是由結合進礦物結晶結構中的水來潤滑的。這一岩石循環由18世紀的詹姆斯·赫頓(James Hutton)[8] 首先提出，但他當時並不清楚循環發生的深度及其時間尺度。

到目前為止，我們只是粗略介紹了我們這個神奇星球的皮毛而已。接下來我們就要啟程，去挖掘岩石深處和那遙遠的過去的秘密了。

---

8　詹姆斯·赫頓(1726–1797)，英國地質學家、醫生、博物學家、化學家和實驗農場主。他在地質學和地質時期領域提出了火成論和均變論，為現代地質學的發展奠定了基礎。

# 第二章
# 「深時」

太空很寬廣。實在太寬廣了⋯⋯你或許覺得沿街一路走到藥房已經很遠了，但對於太空而言也就是粒花生米而已。

——亞當斯(Douglas Adams)，《銀河系搭車客指南》

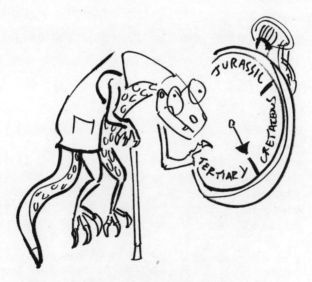

(圖中文字按順時針方向依次為：侏羅紀，白堊紀，第三紀)

世界不僅空間維度巨大，其時間之久遠更是超出人們的想像。如果不了解麥克菲(John McPhee)[1]、古爾德(Stephen Jay Gould)[2]和吉(Henry Gee)[3]等作家筆下的「深時」[4]，就無法全面掌握地質學的各種概念和運作過程。

我們大都認識自己的父母，許多人還記得祖父母，但只有少數人見過曾祖父母。他們的青年時代比我們所處的時代早一個多世紀，那對我們來說相當陌生，因為我們的科學認識和社會結構都已大不相同。僅僅十幾代之前，英格蘭還在伊麗莎白一世(Queen Elizabeth I )的統治之下，機械化運輸和電子通訊還是人們做夢也想不到的事，歐洲人才首次探索美洲。30個世代之前，距離現在就有1000年，那時諾曼人尚未入侵英倫。人類用連續的文字記載來追溯自己的直系

---

1 約翰·麥克菲(1931–)，美國作家。他被視為創意紀實寫作的先驅者，1999年獲普利策獎。

2 斯蒂芬·傑伊·古爾德(1941–2002)，美國古生物學家、演化生物學家、科學史學家與科普作家。他的主要科普作品有《自達爾文以來》《熊貓的拇指》等。

3 亨利·吉(1962–)，英國古生物學家和演化生物學家，科學期刊《自然》高級編輯，著有《尋找深時：超越化石記錄，進入全新的生命史》等。

4 地質時間概念，其所指的時間遠遠超過《聖經·創世記》中暗示的區區數千年，達到數十億年。現代哲學意義上的「深時」概念由18世紀蘇格蘭地質學家、人稱「現代地質學之父」的詹姆斯·赫頓提出。從那以後，現代科學經過漫長而複雜的發展，確定地球的年齡約為45.4億年。

祖先，也是那以後的事情了。我們或許能夠利用考古學和遺傳學知識大致分辨出當時我們的祖先是什麼人、他們可能住在什麼地方，但我們永遠不可能確鑿無疑。50個世代之前，羅馬帝國正處於全盛時期。150個世代之前，古埃及大金字塔還未建成。大約300個世代之前的歐洲新石器時代，最後一個冰川期剛剛結束，基本的農業是當時最新的技術革命。考古學看來無法揭示我們的祖先當時身居何處，儘管通過比較母系遺傳的線粒體DNA(脫氧核糖核酸)可以確定大致的區域。給這個數字再加一個0，我們就回到了3000個世代之前，也就是10萬年前。在這個時期，我們無法追溯任何現存種族群體的獨立血統。線粒體DNA表明，在那之前不久，所有的現代人類在非洲擁有一個共同的母系祖先。然而從地質時間的角度來看，此皆近世之事。

這個時間乘以10，也就是100萬年前，關於現代人類的線索就無從查考了。再乘上10，就能看到早期類人猿祖先的化石遺跡。在如此久遠的過去，我們無法指着某個單一的物種，肯定地說我們的祖先就在這些個體之間。再乘上10，即一億年前，就是恐龍生活的年代。那時人類的祖先一定還是些類似鼩鼱的微小生物。10億年前，也就回到了最初的化石之間，可以辨認的動物或許還一隻都沒有出現。100億年前，太陽和太陽系還沒有誕生，如今組成人類生存的星球和人類

本身的原子，當時還在其他恒星的核反應堆中炙烤沉浮。時間的確深邃悠遠。

再來考慮一下區區數代間可發生哪些變化。與地球的年紀相比，人類的歷史微不足道，然而幾個世紀就見證了多次火山噴發、慘烈地震和毀滅性的滑坡。再想想破壞性不那麼劇烈的變化，它們一直綿延不斷。在30個世代之內，喜馬拉雅山脈的若干部分升高了一米或更多。但與此同時，它們受到的侵蝕很可能多於一米。一些島嶼誕生了，另一些則被淹沒。一些海岸由於受到侵蝕而變矮了數百米，另一些卻高聳於水面之上。大西洋加寬了大約30米。好了，把所有這些距今較近的變化乘以10、100或1000，就可以看到在地質學上的「深時」期間，宇宙間可能發生了什麼。

## 洪水與均變性

人類從史前時期就注意到了化石遺跡。某些古代的石器經過打磨削尖的一番折騰，似乎單純就是為炫耀那些貝殼化石。一個古代伊特魯里亞[5]的墓穴中就放置了一株巨型蘇鐵類植物的樹幹化石。但了解化石性質的努力卻從近代才剛剛開始。地質科學最初興起於信仰基督教的歐洲，那時人們的信仰主要源自《聖經》故事，因而在山區高地發現已滅絕生物的貝殼和

---

5　公元前12世紀至前1世紀的意大利中西部古國，大致在如今的托斯卡納地區。

骨頭並沒有令他們吃驚：那些都是在《聖經》記載的大洪水中消失的動物的遺骸。所謂的水成論者甚至認為花崗岩是遠古海洋的沉澱物。洪水之類本是上帝的極端行為，這一概念促使人們想像地球是由大災難造就的，直至18世紀末，這一直是普遍接受的理論。

1795年，蘇格蘭地質學家詹姆斯·赫頓出版了《地球論》(*Theory of the Earth*)，該書如今已成名著。書中常被引用的一句話(儘管是改述的概要)是：「現在是通往過去的一把鑰匙。」這是漸變論或均變論的理論，該理論認為，要想了解地質過程，就必須觀察當前正在發生的那些幾乎察覺不到的緩慢變化，然後只需在歷史上加以追溯即可。萊爾(Charles Lyell)[6]闡述了這一理論並始終為之辯護，他生於1797年，赫頓恰是在那年去世的。赫頓與萊爾兩人都試圖將對創世和洪水等事件的宗教信仰擱置一旁，提出作用於地球的漸進過程是無始無終的。

### 確定創世的年代

試圖計算地球年齡的努力最初起源於神學。所謂的神創論者照字面意義解釋《聖經》，因而堅稱神創造世界僅用了七個整天，要算是相對近代的事。聖奧

6　查爾斯·萊爾(1797–1875)，英國地質學家。他的理論多源自他前一代的地質學家詹姆斯·赫頓。他的巨著《地質學原理》影響巨大，查爾斯·達爾文在「小獵犬」號旅行期間就攜帶了此書。

古斯丁(St. Augustine)在其對於《聖經‧創世記》的評注中指出，上帝的視野遠在時間之外，因而《聖經》中所提到的創世期間的每一天都可能比24小時長得多。就連在17世紀被人們廣泛引用、由愛爾蘭的厄謝爾(Ussher)大主教做出的估計——地球是公元前4004年創造出來的——也只是為了估算地球的最小年齡，而且是基於對史料的仔細研究，尤其是好幾代大主教和《聖經》中提到的諸位先知所記載的史料。

首次基於地質學估計地球年齡的認真嘗試是1860年由菲利普斯(John Phillips)所為。他估計了當前的沉積速率和所有已知地層的累積厚度，估算出地球的年齡將近9600萬年。湯普森(William Thompson)——後來的開爾文勛爵(Lord Kelvin)——繼承了這一觀點，基於地球從起初的熔融態炙熱球體冷卻所需的時間，做出了估計。值得一提的是，他起初估算出的地球年齡也是非常接近的數字，即9800萬年，不過後來他進一步推敲，將其縮短至4000萬年。但均變論者和查爾斯‧達爾文(Charles Darwin)認為他們估算的年代還是太近，基於達爾文提出的自然選擇演化論，物種的起源需要更長的時間。

20世紀初，人們認識到額外的熱量或許來自地球內部的放射現象。因此，基於開爾文的構想，地史學得以拓展。然而，最終促使我們如今對地球年齡進行日益精確估計的，還是對放射現象的理解。很多元素

都以不同的形態或同位素的形式存在，其中一些具有放射性。每一種放射性同位素都有其獨特的半衰期，在此期間，該種元素任意給定樣品的同位素均可衰變一半。就這種同位素本身而言，這沒有什麼用處，除非我們知道衰變開始時的準確原子數量。但通過測量不同的同位素的衰變速率及其產物，就有可能得到異常精確的年代。20世紀早期，盧瑟福(Ernest Rutherford)[7]宣布，某種名為瀝青鈾礦的放射性礦物，其一份特定樣品的地質年齡有7億年之久，比當時很多人認為的地球年齡要長得多。此言一發即引起了巨大轟動。後來，劍橋大學物理學家斯特拉特(R.J.Strutt)[8]通過累計釷元素衰變所產生的氦氣證明，一份來自錫蘭(今斯里蘭卡)的礦物樣品的地質年齡已逾24億年。

在放射性測定地質年代方面，鈾是一種很有用的元素。鈾在自然界有兩種同位素——它們是同一元素的不同形式，差別僅在於中子的數量，因而原子量也有差別。鈾238經由不同的中間產物最終衰變成鉛206，其半衰期為45.1億年，而鈾235衰變成鉛207，其壽命不過7.13億年。對從岩石中提取的這四種同位素進行比率分析，加之以衰變過程中產生的氦氣累計，

---

7　歐內斯特·盧瑟福(1871–1937)，出生於新西蘭的英國物理學家，被譽為原子核物理學之父。

8　瑞利·約翰·斯特拉特(1842–1919)，與威廉·拉姆齊(Sir William Ramsay)合作發現了氬元素，並因此獲得了1904年的諾貝爾物理學獎。

就可以給出相當準確的年代。1913年，霍姆斯(Arthur Holmes)[9] 使用這一方法，首次準確估計了過去6億年間各個地質時期的持續年代。

放射性測定地質年代技術的成功在相當程度上得益於質譜儀的效力，這種儀器實際上可以將單個原子按重量排序，因而使用非常少量的樣品即可給出痕量組分的同位素比率。但其準確性取決於有關半衰期的假設、同位素的初始豐富度，以及衰變產物隨後可能發生的逸出。鈾同位素的半衰期令其很適合用於測定地球上最古老的岩石。碳14的半衰期僅為5730年。在大氣層中，碳14由於宇宙射線的作用而不斷得到補給。一旦碳元素被植物吸收，植物死亡後，同位素不會再得到補給，從那一刻起，碳14的衰變就開始了。因此，用它來測量諸如考古遺址的樹木年齡等再合適不過了。然而事實上，大氣層中的碳14含量是隨着宇宙射線的活動而變化的。正因為已知樹木的年輪就可以獨立計算出年代，我們才知道可以用碳14作為測定工具，並對長達2000年的碳定年予以校正。

---

9　阿瑟‧霍姆斯(1890–1965)，英國地質學家。他對於地質學的理解做出了兩大貢獻：其一是倡導放射性礦物確定年代的應用，其二是理解地幔對流的機械和熱力學意義，這最終促成板塊構造學說被廣泛接受。

用於測定地質年齡的某些放射性同位素

| 同位素 | 產物 | 半衰期 | 用途 |
|---|---|---|---|
| 碳14 | 碳12 | 5730年 | 確定長達5萬年前的有機殘餘物的年代 |
| 鈾235 | 鉛207 | 7.04億年 | 確定侵入體和個體礦物顆粒的年代 |
| 鈾238 | 鉛206 | 44.69億年 | 確定遠古地殼中個體礦物顆粒的年代 |
| 釷232 | 鉛208 | 140.1億年 | 同上 |
| 鉀40 | 氬40 | 119.3億年 | 確定火山岩的年代 |
| 銣87 | 鍶87 | 488億年 | 確定堅硬的火成岩和變質岩的年代 |
| 釤147 | 釹143 | 1060億年 | 確定玄武質岩和非常古老的隕石的年代 |

## 地質柱狀剖面

　　仔細觀察某個崖面上的一段沉積岩，能看出它包含若干層。有時，與洪水和乾旱相對應的年層是肉眼可見的。更多時候，地層代表成千上萬甚至數億年間偶然發生的災難性事件，或者緩慢而穩定的沉澱，緊隨其後發生的環境變化會導致岩石層略有不同。如果古岩石片段縱深很長，像美國亞利桑那州的大峽谷那樣，則表示有數億年的沉積。人類天生喜愛分門別類，多層沉積岩顯然很能迎合這一癖好。但在觀察一個體量狹窄的平層崖面時，人們很容易忘記這些岩層在全世界範圍內並不是連續的。整個地球從來沒有被

類似沉積岩那樣的單一海洋淺覆層覆蓋過！正如現今地球上有河流、湖泊，還有海洋、沙漠、森林和草原，遠古時期也一樣，那時地球上也存在着一系列壯觀的沉積環境。

## 地質年代的主要分期

19世紀初，英國土木工程師史密斯(William Smith)首先了解到這一點。他當時在為英國的新運河網勘探地形，發現國內各地的岩石有時會包含相似的化石。在某些情況下，岩石的類型相同，而有時只是化石相似。史密斯以此為依據，為不同地方的岩石建立關聯，並設計出一個全面的序列。最終，他發表了世界上第一張地質圖。20世紀人們又測定出很多地質年代，加之不同大陸間的岩石被關聯起來，就能夠發布一個單一岩層序列，用來代表整個世界範圍內的各個地質時期了。我們如今所知的地質柱狀剖面是多種技能相結合的產物，推敲經年，並經國際協作，達成了一致意見。

## 滅絕、非均變，以及大災難

顯然，地質柱狀剖面中的某些變化更加劇烈，人們根據這一便利，將地質歷史劃分為不同的代、紀和世。有時，岩石性質會發生突然而顯著的變化，跨越了某一地質歷史界限，這表明環境出現了重大變化。

有時會發生所謂的非均變，是由諸如海平面變化等原因導致的沉積作用中斷，因而要麼沉積作用終止，要麼岩層在柱狀剖面延續之前便被侵蝕殆盡。化石所記錄的動物區系的重大變化也是這類突變的標誌，很多物種滅絕了，新的物種開始出現。

地質年代的主要分期

| 宙 | 代 | | 紀 | 世 | |
|---|---|---|---|---|---|
| 顯生宙 | 新生代 | | 第四紀 | 全新世 | 0.01 |
| | | | | 更新世 | 1.8 |
| | | 第三紀 | 晚第三紀 | 上新世 | 5.3 |
| | | | | 中新世 | 23.8 |
| | | | 早第三紀 | 漸新世 | 33.7 |
| | | | | 始新世 | 54.8 |
| | | | | 古新世 | 65.0 |
| | 中生代 | | 白堊紀 | 晚白堊世 | |
| | | | | 早白堊世 | 142 |
| | | | 侏羅紀 | 晚侏羅世 | |
| | | | | 中侏羅世 | |
| | | | | 早侏羅世 | 205.7 |
| | | | 三疊紀 | 晚三疊世 | |
| | | | | 中三疊世 | |
| | | | | 早三疊世 | 248.2 |
| | 古生代 | | 二疊紀 | 晚二疊世 | 290 |
| | | | | 早二疊世 | 323 |
| | | | 石炭紀 賓夕法尼亞亞紀 | 晚石炭世 | 354 |
| | | | 石炭紀 密西西比亞紀 | 早石炭世 | |
| | | | 泥盆紀 | 晚泥盆世 | 417 |
| | | | | 中泥盆世 | |
| | | | | 早泥盆世 | |
| | | | 志留紀 | 晚志留世 | 443 |
| | | | | 早志留世 | |
| | | | 奧陶紀 | 晚奧陶世 | |
| | | | | 中奧陶世 | |
| | | | | 早奧陶世 | 495 |
| | | | 寒武紀 | 晚寒武世 | |
| | | | | 中寒武世 | |
| | | | | 早寒武世 | 545 |
| 前寒武紀 | 遠古宙 | | | | 2500 |
| | 太古宙 | | | | 4000 |
| | 冥古宙 | | | | 4560 |

圖5　地質年代的主要分期(不按比例)。所列年代(位於右側，以距今百萬年為單位)是2000年國際地層委員會表決通過的

地質記錄中出現的幾次間隔突出顯示了其間發生的嚴重的大規模物種滅絕。寒武紀末期和二疊紀末期都以海洋無脊椎動物中將近50%的科類物種和高達95%的個體物種的滅絕為標誌。在標記了三疊紀後期和泥盆紀後期的物種滅絕期間，分別有大約30%和略低於26%的科類物種消失了，但是，距今最近也最著名的大規模消亡則發生在6500萬年前的白堊紀末期。所謂的K/T界線[10]之所以舉世皆知，不僅因為在此期間最後一批恐龍滅絕，還因為它為該物種滅絕的原因提供了充分證據。

## 來自太空的威脅

沃爾特·阿爾瓦雷茨(Walter Alvarez)[11]和路易斯·阿爾瓦雷茨(Louis Alvarez)[12]首先提出，恐龍滅絕可能是天體碰撞的結果，此提法起初並沒有多少科學依據。但是，他們隨即發現，在地質柱狀剖面中的那一個時間點上，沉積物窄帶中富含銥，這是某些類型的隕石中富含的元素。但沒有發現那一時期的撞擊坑的跡象。再後來，證據開始出現，不是來自陸地，而是

---

10　白堊紀與第三紀的界線。

11　沃爾特·阿爾瓦雷茨(1940–)，美國地質學家，任教於加州大學伯克利分校地球與行星科學系，因與其父共同提出恐龍滅絕是因為小行星或彗星撞擊地球的理論而聞名。

12　路易斯·阿爾瓦雷茨(1911–1988)，沃爾特·阿爾瓦雷茨的父親，西班牙裔美國實驗物理學家，1968年獲諾貝爾物理學獎。

在墨西哥尤卡坦半島離岸很近的海中，這一掩在海下的撞擊坑直徑達200公里。在廣闊得多的區域還發現了碎片的證據。如果像科學家們計算的那樣，這一地點標記了直徑或達16公里的小行星或彗星撞擊地球的位置，其結果的確會是毀滅性的。除了撞擊本身的影響及其所導致的海嘯，如此眾多的岩石也將會蒸發並散布在地球的大氣層中。起初，氣候會無比炎熱，輻射熱會引發地面上的森林火災。灰塵會在大氣層中停留數年之久，遮天蔽日，造成環球嚴冬，導致食用植物和浮游生物大量死亡。撞擊地點的海床含有富硫酸鹽礦物的岩石，這些物質會蒸發，並導致致命的酸雨，從大氣層中沖刷而下。如果發生了這樣的災難還有任何生物倖存下來，才真是令人稱奇。

## 來自內部的威脅

我們曾一度很難理解物種大規模滅絕究竟是如何發生的，而如今出現了很多彼此對立的理論，又讓人不知道該信哪個好了。這些理論多涉及劇烈的氣候變化，有些由宇宙撞擊或海平面、洋流和溫室氣體的變化所引發，還有些是由諸如漂移或重大的火山活動等地球內部的原因所導致的。的確，我們所知的大多數物種大滅絕似乎至少都與溢流玄武岩大噴發大致同時發生。在白堊紀末期，正是這些大噴發在印度西部產生了德幹地盾。甚至還有一種觀點認為，小行星的一

次大撞擊引起了在地球另一側聚焦的衝擊波，從而引起了大噴發。但是時間和方位看來並不足以支持那種解釋。無論是何原因，生命和地球的歷史總是不時被一些災難性事件打斷。

## 混亂佔了上風

我們都記得過去十年左右所經歷的極端氣候事件，像是最寒冷的冬天、洪水、暴風雨，或是乾旱等等。若把時間推回到一個世紀之前，恐怕只有那些更大的事件才會令人印象深刻。專家在規劃水災的海岸維護與河流防線時，經常會使用「百年不遇」的概念：這些防線的設計要經得起百年一遇的洪水才行，它們很可能比十年一遇的洪水要嚴重得多。但如果把考察的時間延展到1000年或100萬年，總還會有更大、更嚴重的事件。據某些理論家所言，從水災、暴風雨和乾旱到地震、火山噴發和小行星撞擊皆是如此。在地質歷史的尺度上，我們可要小心點才是！

## 更加深邃的時間

書本中經常列出的地質時期表只會回溯到大約6億年前寒武紀開始的時間，而忽略了我們這個星球40億年的歷史。正如美國加州大學的舍普夫(Bill Schopf)[13]

---

13　比爾‧舍普夫(1941–)，美國古生物學家，在加州大學洛杉磯分校教授地球科學。

教授所説，大多數前寒武紀岩石的問題，在於它們無法鑒定——亂七八糟，沒有任何方法可以識別。地球內部持續的構造再處理，以及地表風化和侵蝕的不斷打擊，意味着好不容易倖存下來的大多數前寒武紀岩石都有着嚴重的折痕和變形。不過，在大多數晴朗之夜，人們都可以看見有40多億年歷史的岩石——得要舉頭望明月，而不是低頭看地球。月球是個冰冷死寂的世界，沒有火山和地震、水或氣候來改換新顏。它的表面覆蓋着隕石坑，但其中大多數都是在月球形成的早期發生的，當時太陽系裏還充滿着飛散的碎片。

　　至於在地球上倖存下來的前寒武紀岩石，它們訴說着一個古老而迷人的故事。它們並不像達爾文猜想的那樣全無生命的痕跡。的確，在前寒武紀末期，從大約6.5億年前到5.44億年前，曾經出現了各種怪異的化石，特別是在澳洲南部、納米比亞和俄羅斯等地。在那以前似乎有過一個特別嚴酷的冰河作用時期。有人使用了「雪球地球」這種説法，表示環球的海洋在當時有可能全部凍結。對生命而言，那必定是一個重大的挫折，並且沒有多少證據能夠證明在此之前出現過多細胞生命形式。但大量證據表明那時已經出現了微生物——細菌、藍藻細菌和絲狀藻類。澳洲和南非有距今大約35億年的絲狀微化石，而格陵蘭島38億年高齡岩石中的碳同位素看上去也像生命的化學印記。

　　在起初的7億年歷史中，地球一定特別荒涼。當時

有為數眾多的大撞擊，劇烈程度遠甚於或許造成了恐龍滅絕的那一次。後一次重轟炸期的疤痕還能在月球上的月海中看到，那些月海本身就是巨大的隕石坑，充滿了撞擊所熔融的玄武岩熔岩。這樣的撞擊會熔融大量的地球表面，並無疑會把任何原始海洋蒸發殆盡。如今我們星球上的水很可能來自隨後的彗星雨及火山氣體。

## 生命的曙光

　　人們一度認為，地球早期的大氣層是甲烷、氨、水和氫的氣體混合物，這是組成原始生命形式的碳的潛在來源。但如今人們認為，來自年輕太陽的強烈紫外線輻射迅速分解了那種氣體混合物，產生了二氧化碳和氮氣的大氣層。生命的起源仍是個未解之謎。甚至有人認為，生命可能源自外星，是來自火星或者更遠星球的隕石抵達地球後帶來的。但當前的實驗室研究表明，某些化學體系可以開始進行自我組織並催化其自身的複製。有關現今生命形式的分析指出，最原始的生命並非那種以有機碳為食，或利用陽光助其光合作用的細菌，而是如今在深海熱液噴溢口發現的那種利用化學能的細菌。

　　到35億年前，幾乎必然存在着微小的藍藻細菌，多半也已經出現了原始藻類——就是我們如今在死水塘中看到的那種東西。這些生物開始產生了戲劇性的

效果。它們利用陽光作為光合作用的動力，從大氣層中吸收二氧化碳，有效地侵蝕着二氧化碳保護層，這可是在太陽作用較弱時通過溫室效應給地球保暖的。這或許最終導致了前寒武紀末期的冰川作用。但在此很久以前，這些生物的作用就已經導致空前絕後的最糟糕的污染事件。光合作用釋放了一種此前從未在地球上存在過的氣體——氧氣，對很多生命形式可能是有害的。起初，氧氣不能在大氣層中長期存在，但它很快就與海水中溶解的鐵元素發生反應，產生了條帶狀氧化鐵的密集覆層。整個世界都生銹了——這可不是什麼誇張的說法。但光合作用仍在繼續，大約24億年前，游離氧開始在大氣層中逐漸積累，為可以呼吸氧氣和進食植物的動物生命的到來鋪平了道路。

## 地球的誕生

大約45億年前，曾有一大片氣體塵埃雲，這是以前若干代恒星的產物。在重力的影響下，這片雲開始收縮，其過程或許還由於附近某顆恒星爆炸或超新星的衝擊波而加速。隨着這片雲的收縮，其內的輕微旋轉加速，將塵埃散布出去，在原始星體周圍形成扁平的圓盤。最終，主要由氫和氦組成的中心物質收縮到足以在其核心引發核聚變反應，太陽開始發光。一陣帶電粒子的風開始向外吹，清除了周圍的部分塵埃。在這片星雲或圓盤的內部，只剩下耐火的矽酸鹽。在

遠處，氫和氦加速形成了龐大的氣體行星：土星和木星。水、甲烷和氮等揮發性凍結物被推到更遠處，形成了外行星、柯伊伯帶[14]天體和彗星。

內行星——水星、金星、地球和火星——是由已知的增積過程形成的，起初粒子彼此碰撞，有時會裂開，偶爾也會彼此聯合。最終，較大的粒子團積累足夠的重力引力，把其他粒子團拉向它們。隨着體積的增長，撞擊的能量也增加了，撞擊熔融了岩石並導致其成分析出，其中密度最大、富含鐵元素的礦物質下沉形成了核心。在撞擊、重力收縮釋放的能量，以及放射性同位素衰變等多重作用之下，嶄新的地球變得十分炙熱，大概至少有一部分被熔解了。前太陽星雲[15]中的很多放射性元素可能在超新星爆炸前不久就產生了，仍因其具有放射性而十分炎熱。因此，地球表面起初很難有液態水存在，而且最初的大氣層可能多半都被太陽風吹散了。

---

14 太陽系海王星軌道外黃道面附近天體密集的中空圓盤狀區域，以荷裔美籍天文學家柯伊伯(Gerard Peter Kuiper)(1905–1973)命名。

15 科學家通過對古隕石的研究，發現了短暫同位素(如鐵60)的蹤跡，該元素只能在爆炸及壽命較短的恒星中形成。這表示在太陽形成的過程中，附近發生了若干次超新星爆發。其中一顆超新星的衝擊波可能在分子雲中造成了超密度區域，導致該區域塌陷。這種塌陷氣體區域被稱為「前太陽星雲」，其中的一部分形成了太陽系。

## 青出於藍

長期以來，月球的形成對科學界來說一直是一個謎。人們一度認為月球是從年輕的地球中分離出去，在地球旁邊形成，或在經過地球時被其捕獲的，但月球的組成、軌道和自轉與這種說法並不吻合。然而現在有一個理論很合乎情理，也用計算機模型進行了很有說服力的模擬。該理論指出，一個火星大小的原行星曾在太陽系形成大約5000萬年之後與地球發生了碰撞。這一拋射物的核心與地球的核心相融合，撞擊力熔融了地球的大部分內部物質。撞擊物的大部分外層，連同某些地球物質一起被蒸發並投入太空。其中的許多物質聚集在軌道中，累積合生，形成了月球。這次災難性事件讓我們收穫了一個良朋摯友，它對於地球似乎有着穩定的作用，防止地球自轉軸的無序搖擺，因而讓我們的行星成為生命更宜居的家園。

# 第三章
# 地球深處

　　地球的表面覆蓋着一層相對較薄的冷硬外殼。在海洋下面，這層外殼大約有七八公里厚，而就大陸而言，其厚度則是30–60公里。其基部是莫氏不連續面[1]，又稱「莫霍面」，它可以反射地震波，這大概是由於它的組成發生了變化，變成了其下地幔的緻密岩

---

1　1909年由克羅地亞地震學家安德里亞·莫霍洛維契奇(1859–1936)首先發現。

石。岩石圈是地球表面上一層冰冷堅硬的物質所組成的完整板塊，不但包括地殼，還包括地幔的頂部。大陸岩石圈總共有大約250公里乃至300公里厚。海洋下的岩石圈較薄，越接近洋中脊越薄，最薄處僅比7公里洋殼略厚。然而岩石圈並不是一個單一的堅硬地層，它可以分成一系列所謂的構造板塊。這些板塊是我們了解地球深處如何運作的主要線索。為了解那裏發生的事，我們必須深入地殼之下一探究竟。

**深度挖掘**

在距離我們只有30公里的地方，有一個我們永遠不能探訪的所在。30公里的橫向距離不過是一次輕鬆的公交之旅，但在我們腳下，這一距離幾乎就是一個難以想像的高溫高壓之處了。任何礦井都不可能開採到如此之深。1960年代，有人提議利用石油開採業的海洋鑽探技術，直接鑽通洋殼進入地幔，這就是所謂的「莫霍計劃」，後來由於成本之巨和任務之艱而未能實施。在俄羅斯的科拉半島和德國境內進行的深層鑽探嘗試在達到大約11000米深度後就放棄了。這不僅是因為岩石難以鑽孔，而且熱量和壓力會軟化鑽機的部件，還會把剛剛鑽開的孔洞立即重新壓合。

**來自地球深處的信使**

我們可以通過一種方法直接從地幔中取樣：利用

深源火山的噴發物。火山噴發出來的岩漿大多只是來自源地物質的部分熔融物，因此，舉例來說，玄武岩並非表層岩的完備樣本。然而，它卻能夠提供關於其下物質的同位素線索。例如，某些來自夏威夷等地的深源火山的玄武岩中含有氦3及氦4比率較高的氦氣，據信早期太陽系的情況也是如此。因此人們認為，這種玄武岩來自地球內部的某個至今仍然保持着本來面貌的部分。火山噴發時氦逸失了，被放射性衰變所產生的氦4緩慢地取代。洋脊火山玄武岩中的氦3耗盡了。這意味着這種玄武岩是再生物質，其氦氣在早期的噴發中逸失，而且這種玄武岩並非來自地幔深處。

劇烈的火山噴發有時的確會在其岩漿中攜帶着更直接的表層岩樣本。這些所謂的「捕虜岩」是熔岩流攜帶而出的尚未熔融的表層岩樣本。它們通常是諸如橄欖岩等暗綠色的緻密岩石，富含橄欖石礦，後者是一種鎂鐵矽酸鹽。山脈深處有時也會找到類似的岩石，是從地球極深處強推出地面的。

## 慢速熔岩流

坎特伯雷座堂[2] 那富麗堂皇的中世紀彩色玻璃窗可以透露一些有關地球地幔性質的信息。窗子由很多小塊的彩色玻璃組成，嵌在跨距很大的窗框裏。如果觀

---

2  位於英國東南部肯特郡坎特伯雷市，是英國聖公會首席主教坎特伯雷大主教的主教座堂，也是英國最古老、最著名的基督教建築之一。

察透過窗格玻璃的陽光，就會注意到底部的光線比頂部的要暗一些。這是由於玻璃的流動。用專業術語來說，玻璃是一種過冷的流體。歷經若干世紀，重力令窗格緩慢下垂，底部的玻璃因而會較厚一些。然而，如果用手摸或者錘擊，玻璃仍然呈現出固體樣態。了解地球地幔的關鍵在於認識到，那裏的矽酸鹽岩石能夠以同樣的方式流動，儘管它們並未熔融。實際上，這些個體礦物顆粒一直在重新形成，從而引起了被稱作「蠕動」的運動。結果是地幔極具粘性，就像非常粘厚的糖蜜。

## 地球的全身掃描

關於地球的內部結構，最明確的線索來自地震學。地震通過星體發出地震衝擊波。就像光線被透鏡折射或被鏡子反射那樣，地震波穿行於地球，並在其不同的地層中反射。隨着岩石的溫度或軟度不同，地震波的行進速度也有差異。岩石溫度越高就越軟，衝擊波行進的速度也就越慢。地震波主要有兩種，初至波(P波)速度更快，因而會率先抵達測震儀；另一種是續至波(S波)。P波是進行推拉運動的壓力波；S波是剪切波，無法在液體中行進。正是通過對S波的研究，人類首次揭示了地球的熔融外核。在單一的儀器上探測這些地震波並不會顯示多少信息，但如今全球各地散布着由數以千計靈敏的測震儀組成的網絡。每天都有

很多小型地震發出信號。結果有點像醫院裏的全身掃描儀，患者被X射線源和傳感器環繞，計算機利用結果來構建患者內部器官的三維影像。醫院的探測裝置被稱作計算機輔助斷層掃描，而地球的相應版本則被稱作地震層析成像。

測震儀的全球網絡最適合於在全球範圍內觀測事物。它會揭示地幔的整體分層，以及每隔數百公里，地震波速因溫度高低而發生的變化。世界上還部署着間隔更小的矩陣，起初設置它們的目的是探測地下核子試爆，它們連同地球物理學家部署在感興趣的地質區域的新型矩陣一起，有望觀測到數公里之深的地幔結構。並且，似乎每一個尺度上都有自己的構造。在這些地球全身掃描中，最清楚的莫過於地層了。在2890公里——我們這個星球液態外核的厚度——之下S波無法通過。但是地幔有幾個顯著的特徵。比如前文中提到的，地殼基部有莫氏不連續面，另一個則位於堅硬的岩石層的基部。岩石層下的軟流層比較軟，因而地震波速較慢。410公里以下和660公里以下分別是界限清晰的地層，而520公里深處左右則是一個不甚清晰的地層。在地幔基部還有另一個被稱作核幔邊界(D"分界層)的地層，它很可能是不連續的，厚度範圍從0公里到大約250公里不等。

地震層析成像同樣揭示了一些更加微妙的特徵。本質上，較為冰冷的岩石也會更硬，因而相對於較熱

較軟的岩石，地震波在其間行進的速度也更快。在古老而冰冷的洋殼插到大陸之下或者插進海溝的位置，下沉板塊的反射顯示出其通向下方地幔的通道。在那裏，地球炙熱的核心烘烤着地幔的底面，將其軟化並抬升成一個巨大的地柱。

地幔充滿了未解之謎，它們乍看上去像是彼此矛盾的。它是固態的，卻可以流動。它由矽酸鹽岩石組成，矽酸鹽岩石本是一種優良的隔熱體，但不知為何，卻有大約44太瓦特[3]的熱量穿過地幔湧向地表。很難弄清熱流是如何僅靠傳導完成的，然而如果確實存在對流，地幔就應該是混合物，那麼它又如何能顯示出分層構造？此外，除非地幔中存在未混合的區域或地層，海洋火山噴發出的岩漿中所含的示蹤同位素混合物，為何全然不同於據信存在於地幔主體內的混合物？這些謎題是近年來地球物理學的主要研究領域之一。

## 地幔上的鑽石窗口

某些最有用的線索來自對地下那些岩石性質的了解。為了查明地球深處那些岩石的狀況，就必須複製那裏令人難以置信的巨大壓力。令人驚異的是，這種情形動動手指就能模擬：握住兩顆優質的寶石級金剛石，用珠寶商的術語來說，其切工為「明亮型」，即

---

3　功率單位，1太瓦特=$10^{12}$瓦特。

每顆金剛石的頂部均有一個完全平坦的小切面。將一個微小的岩石樣本置於兩個小切面中間，然後用指旋小螺釘將兩個小切面擰得更緊一些。兩個金剛石砧之間的力非常集中，以至於僅僅擰動螺釘，產生的壓力就會超過300萬個大氣壓(300吉帕斯卡[4])。金剛石是透明的，通過激光照射就可以對樣本加熱，也方便使用顯微鏡和其他設備來觀測。這實際上可以作為一個窗口，讓我們觀察地幔深處的岩石的狀況。

一天，巴西特(Bill Bassett)教授在康奈爾大學的實驗室裏研究金剛石砧上的一個微小晶體。當他提高壓力時，沒有發生什麼變化，於是他決定先去吃午餐。正要離開，忽聽到砧上傳出突如其來的爆裂聲。顯然，他的寶貝金剛石碎了一顆，他衝回去在顯微鏡下仔細觀察。鑽石安然無恙，但樣本突然變成了一種全新的高壓晶體形式。這就是所謂的相變：組分依然，但結構發生了變化──在該例中，變成了更加緻密的晶格。

從捕虜岩的組分我們知道，至少上地幔是由橄欖岩等岩石組成的，其中富含鎂鐵矽酸鹽礦物橄欖石。把這種岩石的微小樣本放在金剛石砧中間加壓，它就會經歷完整的一系列相變。在相當於410公里地幔深處所受的大約14吉帕斯卡的壓力之下，橄欖石變形成一種名為瓦茲利石的新結構。在相當於地下520公里、18

---

4　壓強單位，1吉帕斯卡=10⁹帕斯卡。

吉帕斯卡的壓力下，它又發生了形變，變成了林伍德石，一種尖晶礦石的形式。然後，在23吉帕斯卡，相當於地下660公里所受的壓力之下，會變成兩種礦物：一種是鈣鈦礦，另一種是名為鎂方鐵礦的鎂鐵氧化物礦物。我們會注意到，相變發生的深度恰恰是可以反射地震波的地方。因此，這些地層或許可以表示晶體結構的變化，而非組分的變化。

## 雙層蒸鍋？

　　地下660公里的地層是上地幔和下地幔的分界線，這是一個特別強烈的特徵，也是學界激烈辯論的焦點：有人認為整個地幔都是在一個巨大的對流系統中循環，而另一些人認為地幔更像是一口雙層蒸鍋，上、下地幔各有其獨立的循環腔，兩個腔體之間幾乎沒有物質交換。歷史上，地球化學家更偏愛雙層結構，因為這種結構考慮到了不同地層之間的化學差異，而地球物理學家則偏愛全地幔對流。當前的跡象表明，兩者可能都是正確的，在這一折衷方案中，全地幔循環是可能的，但絕非易事。地震層析成像的數據初看之下或許偏向雙層蒸鍋的觀點。地震掃描揭示了下壓的洋殼板塊沉向660公里處異常地層的位置，但它們似乎並未通過該地層。相反，物質散布開去，似乎又在數億年間在該深度聚集起來。但進一步掃描顯示，在某一位點，下壓的洋殼板塊可以像雪崩一樣突

破並繼續沉到下地幔，直至地核的頂部。

　　1994年6月，玻利維亞遭遇了一場劇烈的地震。地震幾乎沒有造成破壞，因為震源很深——大約有640公里。但在那樣的深度，岩石應該是太軟了，以至於無法斷裂。正是在地震發生的區域，來自太平洋古老洋殼的一個板塊下沉到安第斯山脈以下。當時，想必是一整層的岩石經歷了一場災難性相變，變成了更加緻密的鈣鈦礦結構，它似乎必須經歷這樣的變化，才能夠沉入下地幔。這個解釋一舉解開了地幔分層和深層地震的秘密。

　　但仍有很多問題有待解釋。例如，潛入太平洋湯加海溝之下的洋殼板塊以每年250毫米的速度穿過地幔，對於其溫度而言，這一速度過快，無法穩定下來。洋殼物質會在區區300萬年內抵達上地幔的基部，如果淤積在那裏或者延展至下地幔，其低溫問題理應十分突出。但沒有證據表明存在着這樣的板塊。某個理論聲稱，不是所有的橄欖石都轉變成了密度更高的礦物，因而原本的板塊會中立地漂浮在上地幔中。低溫加上礦物成分使得其地震波速與其他地幔物質非常相近，因此，它不會輕易顯現出來，就像一層甘油不會在水中突出顯露一樣。事實上的確存在着誘人但微弱的地震學證據，證明在斐濟的下面存在着這樣的板塊。

### 鑽石中的訊息

　　鑽石是高壓形式的碳，只會形成於地球100多公里深度之下，有時還要比這深得多。鑽石中的同位素比率表明，下潛的洋殼中經常會有碳形成的鑽石，或許是來自海洋沉積物中的碳酸鹽。鑽石中有時會含有其他礦物的微小內含物。寶石商人多半不怎麼歡迎這個特徵，但地球化學家對此求之不得。對那些內含物的精密分析，可以揭示有關鑽石形成和穿過地幔的漫長的、有時頗迂迴曲折的歷史。

　　有些鑽石內含一種名為頑火輝石的礦物，這是矽

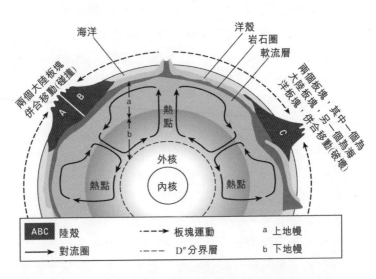

圖6　地球地幔內的基本循環，及其如何反映在岩石圈板塊運動和各個板塊邊界上。為清楚起見，運動均已簡化，岩石圈的縱向比例尺也放大了不少

酸鎂的一種形式。一些研究人員認為，它原本是來自下地幔的矽酸鎂高溫鈣鈦礦。證據是，根據他們的觀察，這種礦物中所含的鎳只有上地幔應有含量的十分之一。在下地幔的溫度和壓力下，鎳被一種名叫鐵方鎂石的礦物所吸收，從而使得矽酸鎂高溫鈣鈦礦幾乎不含鎳——鐵方鎂石也是一種常見的鑽石內含物。在少數情況下，內含物富含鋁，在上地幔的環境裏，鋁被鎖在石榴石之中。還有些內含物是富鐵的，由此可知它們可能產生於地幔中靠近地核分界線的極深處。這些深處的鑽石同樣擁有一個與眾不同的碳同位素特徵，據信這是深層地幔岩而非潛沒海洋岩石圈的特點。對鑽石及其周圍岩石的地質年齡的估計表明，其中的一些穿過地幔的道路漫長而迂迴，或許用了逾十億年時間。但這是個頗有說服力的證據，說明在上、下地幔之間至少存在着一些物質傳遞。

鑽石被發現時所依附的岩石可不比鑽石本身遜色多少。這種岩石名為金伯利岩，是以南非的鑽石礦金伯利鎮命名的。岩石本身簡直是一團糟！除了鑽石之外，它還含有各種各樣不同岩石的多角團塊和粉碎片段；這所謂的角礫岩是一種火山岩，往往會在遠古的火山口形成胡蘿蔔形的岩頸。其確切組成很難判斷，因為它在穿過岩石圈時吸收了太多的粉碎岩屑，但其原始岩漿一定主要由來自地幔的橄欖石和現在以雲母形式存在的大量揮發性物質共同組成，其中橄欖石佔

大部分。如果它從地幔緩緩上升，如今我們就沒有鑽石了。鑽石在地下不到100公里處的壓力之下並不穩定，假以時日，它會在岩漿中熔解。但金伯利岩火山無暇等待。人們估計，物質穿過岩石圈的平均速度大約為每小時70公里。火山口在靠近表面的位置岩頸加寬，這表明揮發性物質正在劇烈擴張，表面的噴發速度可能是超音速的。因此，一路向上所採集的所有岩石碎片都猝熄了，它們凝固在時間中，因而成為來自岩石圈乃至地幔深處的各種岩石的樣本。

## 地幔基部

近期對全球地震數據的分析顯示，地幔基部有一個厚度最多200公里的薄層，即D"分界層。它不是一個連續的地層，而更像是一系列板塊，也有點像地幔底面的一塊塊大陸。這裏可能是地幔中的矽酸鹽岩石與來自地核的富鐵物質部分混合的區域。但另一種解釋認為，這裏是遠古海洋岩石圈的長眠之所。在其沉降穿過地幔以後，板塊依然冰冷緻密，因而散布在地幔的基底，被地核緩慢加熱，直到或許十億年後，它以地幔柱的形式再次上升，形成新的洋殼。

根據測量，晝長存在微小差異，這同樣提供了關於地球腹地的線索。因為月球對潮汐的牽引，以及最後一次冰河期的冰體壓迫導致陸地上升，我們這個旋轉的星球正在逐漸減慢轉速。但仍有十億分之一秒量

級的微小差異。其中的一些或許應歸因於大氣循環吹到山脈上，就像海風吹鼓船帆。但另一部分看來像洋流推動船隻的龍骨那樣，是在外核中推動地幔基部脊線的循環引起的。因此，地幔的基部可能存在着像倒置的山脈那樣的山脊與河谷。菲律賓地下十公里的地核中似乎有一個大窪地，其深度是美國大峽谷的兩倍。阿拉斯加灣地下的鼓起是地核上的高點，那是個比珠穆朗瑪峰還高的液態山峰。下沉的冰冷物質或許會在地核上壓出凹痕，而熱點則會向上鼓起。

## 超級地柱

下地幔的鈣鈦礦岩石儘管要炙熱得多，卻遠比上地幔風化岩更有粘性。據估計，它的抗流動性要高出30倍。因此，地幔基部的物質以緩慢得多的速度上升，上升形成的柱體也要比上地幔的典型地柱粗大得多。它的表現很像熔岩燈裏的粘性漿團，流動得極為緩慢。儘管某些物質在整個地幔中循環，但很可能真的存在一些只有上地幔才有的小對流圈。實驗系統中對流圈的寬度趨向於與其深度一致，而至少在世界上的某些地區，地幔物質所組成的柱體，其間隔似乎與上地幔660公里的深度一致。

## 地球如何熔融

物質升降起落，生生不息。炙熱的地幔岩地柱緩

慢升向地殼，所受的壓力也隨之減輕，它們開始熔融。科學家們可以利用巨大的水壓來擠壓在熔爐內加熱的人造石，再現當時的場景。岩石並非整體熔融，而只有一小部分如此；所產生的岩漿不像地幔其他部分那樣稠密，因而得以快速上升到表面，作為玄武岩熔岩而被噴發出來。至於它是如何流經其他岩石的，曾經是另一個大謎團，最終的答案與岩石的精微結構有關。如果在岩石顆粒間形成的小熔融袋頂角很大，岩石就會像一塊瑞士乾酪；熔融袋不會相互連通，熔融物也不會流出來。但那些頂角很小，這樣岩石就像一塊海綿，所有的熔融袋也是相互連通的。擠壓海綿，液體就會流出來。擠壓地幔，岩漿就會噴發。

## 自由落體

艾薩克·牛頓看見蘋果落下來，意識到重力會把物體拉向地心。但他不知道，在世界的某些地方，蘋果下落的速度會比其他地方略快一些——人們通常不會注意到這一差異，也無法用蘋果輕易測量出來。但宇宙飛船可以做到這個。根據道格拉斯·亞當斯在《銀河系搭車客指南》中的說法，飛行的秘密，就在於一直在下落，卻忘記了着陸。衛星差不多就是這樣。衛星自由落下，但它的速度將其保持在軌道中。緻密岩石區域更加強勁的萬有引力會使衛星加速。在通過重力較小的區域時，衛星則會降速。通過跟蹤低

空衛星的軌道，地質學家可以繪製出位於軌道下方的地球的重力圖。

　　在比較地球表面的重力圖與地球內部的地震層析成像掃描圖之後，結果大大出乎地球物理學家的意料。人們本來期待看到，冰冷緻密的洋殼板塊或因其密度更大而導致過大的地球引力，而由炙熱地幔岩所組成的向上升起的地柱密度較小，因而其重力也較小。現實與此相反。情況在南部非洲尤為顯著，那裏似乎有個巨大的炙熱地幔柱在上升，而在印度尼西亞附近，冰冷的板塊正在下沉。麻省理工學院的布拉德‧黑格(Brad Hager)對此做出了自己的解釋。南部非洲地下的超級地幔柱正在導致相當一大塊陸地上升，其上升的高度超出了預期——人們原以為大陸只是在靜態的地幔上漂浮。他估計，跟自然漂浮在地幔上的位置相比，南部非洲被抬升了大約1000米，岩石的這種過度抬升導致重力增大。與此相似，印度尼西亞地下潛沒的海洋岩石圈把周圍的地表均拽在身後，造成重力較小，並導致海平面整個比陸地高出一塊。如今就職於亞利桑那大學的蔡斯(Clement Chase)發現還有各種其他重力異常現象對應了曾經發生過的潛沒事件。從加拿大的哈德遜灣，經由北極，穿過西伯利亞和印度，直到南極圈有一個很長的低重力帶，似乎可以標記一系列潛沒帶，在過去的1.25億年，那裏的遠古海床插入地幔。人們曾經認為是海平面上升導致了澳洲

東半部的大部分大陸在大約9000萬年前被淹，事實上或許是因為該大陸漂浮在一個遠古潛沒帶上，在其經過時被潛沒帶拖曳，從而把陸地降低了600多米。

## 地核

我們不可能對地球的核心有直接體驗，也不可能獲得地核的樣本。但我們的確從地震波中獲悉，地核的外部是液態的，只有內核才是固態的。我們還知道，地核的密度遠高於地幔。太陽系裏唯一既有足夠的密度，又儲量豐富，足以組成地核那麼大體積的物質就是鐵。雖然沒有地球核心的樣本，我們卻能在鐵隕石中找到可能與之相似的東西。鐵隕石不像石質隕石那樣常見，但它更易於辨認。它們據信源自體積較大的小行星，早在這些小行星被發生在太陽系早期的轟炸粉碎之前，其鐵質核心便分離了出來。它們的成分大部分是金屬鐵，但也含有7%至15%的鎳。它們往往具有兩種合金的共生晶體結構，一種含有5%的鎳，另一種含有40%的鎳，按比例組成了星球核心的總成分。

在新生的地球至少還是半熔融體時，鐵質的地核必定已經通過重力從矽酸鹽地幔中分離出來而形成了。隨着地層的分離，諸如鎳、硫、鎢、鉑和金等能夠在鐵水中熔融的所謂親鐵元素會與地層分離。親岩元素則與矽酸鹽地幔一起保留下來。鈾和鉛等放射性

元素是親岩的，而它們的衰變產物，或稱子體，是鉛和鎢的同位素，因而會在地核形成之時被分離出來，進入地核。這必然會在地核形成時重置地幔中的放射性時鐘。對於地幔岩地質年代的估計把這一分離的時間確定在45億年前，大約比最古老隕石的地質年代晚5000萬至1億年，而最古老的隕石似乎出現在太陽系整體形成之時。

## 內核

地球的中心是冰凍狀態，至少從鐵水的角度來看，在地下難以置信的壓力下，它是冰凍狀態。隨着地球的冷卻，固態鐵從熔融態地核中結晶出來。當前學界的理解是，產生地球磁場的發電機需要一個固態鐵核，但縱觀地球歷史，它未必自始至終都有一個鐵核。至於地球過去的磁場，其證據深鎖於顯生宙各個時期的岩石中。但大多數前寒武紀的岩石已經大變樣了，因而很難測出其原本的磁性。這樣一來，估計內核地質年齡的唯一方法，就只能來自地球緩慢冷卻過程中地核熱演化的模型。其計算方法與開爾文勛爵在19世紀末以地球冷卻的速率來估算其年齡的方法相同。但現在我們知道，放射性衰變還會產生額外的熱量。最新的分析表明，內核大概是在25億至10億年前這段時間開始固化的，取決於其放射性物質的含量。聽上去或許是一段漫長的時間，但這意味着地球在其

早期的數十億年裏是沒有內核的，或許也沒有磁場。

如今，內核的直徑大約是2440公里，比月球的直徑小1000公里。但它仍在持續增大。鐵元素以大約每秒800噸的速率結晶，會釋放相當數量的潛熱，這部分熱量穿過液態的外核，造成其內流體的翻騰。隨着鐵元素或鐵——鎳合金的結晶析出，熔融物中的雜質(大部分是熔解的矽酸鹽類)也被分離出來。這部分物質的密度低於熔融態的外核，因而以連綿的顆粒雨的形式穿過外核而上升，那些顆粒或許也就如沙子般大小。雜質可能像上下顛倒的沉澱物一樣集聚在地幔的基部，堆積在上下顛倒的山谷和窪地裏。地震波顯示，地幔基部有一層速度非常緩慢的地層，這種向上的沉澱物即可解釋這種現象。這些沙樣沉澱物可以圈閉熔融態的鐵，就像海洋沉積物圈閉水一樣。通過將鐵保持在其內，這一地層所提供的物質可以在磁性上將地核內所產生的磁場與固態地幔所產生的磁場予以匹配。如果部分這種物質以超級地柱的形式上升，促成了地表的溢流玄武岩，就可以解釋為什麼這類岩石中含有高濃度的金和鉑等貴金屬了。

### 磁力發電機

從地表上看，地球的磁場似乎可以由地核的一個大型永久性磁棒產生。但事實並非如此。那一定是一台發電機，而磁場是由外核裏循環的熔融態鐵的電

流產生的。法拉第(Faraday)曾證明，如果手頭有電導體，那麼電流、磁場和運動三者中的任意兩個均可產生第三個。這是電動機和發電機的工作原理。但地球沒有外部的電氣連接。電流和磁場在某種程度上都是由地核內的對流產生和維持的，這就是所謂的自維持發電機。但它必須以某種形式啟動。在地球擁有自身的啟動裝置之前，啟動或許要依靠來自太陽的磁場。

地表的磁場相對簡單，但產生地表磁場的地核內電流則必然要複雜得多。人們提出了很多模型，其中一些諸如旋轉導電圓盤等構想只具有純粹的理論意義。就我們看到的磁場而言，最有說服力的模型用到了一系列柱形胞腔，其中每一個都包含螺旋式的循環，這種循環是由熱對流和地球自轉所產生的科氏力共同作用所生成的。地球磁場最奇怪的特徵之一，是它會在不規則的時間間隔內(通常是數十萬年)反轉極性，我們將會在下一章對此進行更詳細的討論。除此之外，有時會在長達5000萬年的時期沒有一次反轉。單個火山晶體內所圈閉的磁場強度的證據表明，在磁極未反轉的時期(即超靜磁期)，磁場可能比如今更強一些。磁場並非與地球的自轉軸精確對準。當前，磁場與地球自轉軸的傾斜角度大約是11°，但它不會永久停留在那個角度。1665年，磁場幾乎指向正北，然後又偏移開去，1823年的傾角為向西24°。計算機模型無法準確解釋這種情況，但提出了發電機本身無序變動的

可能。在大部分時間，地球的磁場與地幔相配合，效力下降，但有時會產生很強的效力，以至磁場翻轉。至於這種翻轉能在一夜間完成，還是要持續數千年時間，其間磁場或者胡亂移動或者徹底消失，現在都還不清楚。如果是後一種情況，則不管是對羅盤導航還是對整個地球上的生命都是個壞消息，因為如此一來，我們都會暴露在來自太空的更危險的輻射和粒子之下。

還有人試圖通過實驗，為地核內發生的一切建模。這並非易事，因為需要大量的導電流體以足夠的速度循環來激發磁場。德國和拉脫維亞的科學家們在里加實現了這一目標，他們使用裝在同心圓筒中的2立方米熔融鈉。通過將鈉以每秒15米的速度推入中柱，他們最終創造了一個自激式磁場。

## 給地球測溫

地球越深處溫度越高，但地球的中心究竟有多熱？答案是，在地球的熔融態外核與固態內核的分界線上，溫度必然恰好就是鐵的熔點。但是，在那樣的驚人壓力下，鐵的熔點會與其在地表上的數值大不相同。為了查明這個溫度到底是多少，科學家們必須在實驗室裏重現那些條件，或是依據理論進行計算。他們嘗試了兩種不同的實用方法：一種是使用在金剛石砧間擠壓的微小樣本，另一種則是使用一台多級壓縮

氣炮，瞬間壓縮樣本。因為很難達到如此巨大的壓力——內核分界線處的330吉帕斯卡——並且很難校準壓力以便知道是否到達目標，目前兩種方法均未能直接測量出溫度。它們能做的只是測量在壓力略低的條件下鐵的熔點，並以此為出發點向下推斷。但還存在其他的難點，很大原因是由於地核並非純鐵質的，雜

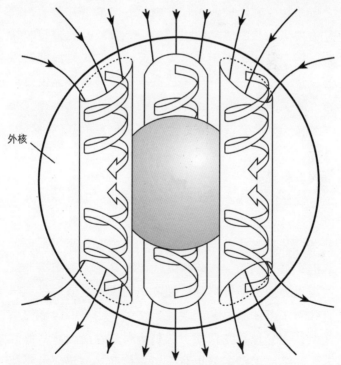

外核

圖7　地球磁場產生的一個可能的模型。外核中的對流因科氏力而呈螺旋狀(帶狀箭頭)。這與電流(未顯示)一起產生了磁力線(黑色箭頭)

質會影響熔點。在純鐵狀態下，理論計算得出的內核分界線溫度是6500°C，而就地核可能摻雜的雜質多少而言，鐵的熔點可能是5100–5500°C。這些數字都在通過金剛石砧和氣炮這兩種實驗估算結果的範圍之內。

對穿過內核的地震波進行的研究製造了另一個驚喜。這些地震波從北向南的行進速率似乎要比從東向西快3%–4%；內核表現出各向異性，一種在所有方向上各不相同的結構或晶粒。對此的可能解釋是，內核是由很多對齊的鐵晶體組成的——甚或是直徑逾2000公里的一整塊鐵晶體！另一種可能是，內核內部的對流與地幔中的完全一樣。或許有少量液體被晶粥所捕獲。經過計算，與赤道對齊的3%–10%容量的液體平盤即可使內核呈現出科學家們觀察到的各向異性現象。

## 旋轉的地核

像整個地球一樣，內核也在自轉，但自轉的方式與地球其他部分並不完全相同。它實際上轉得比這個星球的其他部分稍微快一些，在過去30年裏，走快了將近十分之一圈。在阿拉斯加探測到了來自南美洲最南端以外南桑威奇群島的地震，對其地震波的仔細研究顯示了上述結果。這是由上文剛剛討論的內核的南北向各向異性所揭示的。因為內核超前於地球其他部分，該各向異性的結果發生了變化。1995年，堪堪掠過內核外界的地震波抵達阿拉斯加的速度與1967年的

速度一樣。但1995年地震波穿過內核的速度比1967年快了0.3秒，這表明內核的快速通道軸線每年向定線方向移動大約1.1°。理解了內核為何轉得如此之快，我們便可以深入了解在那個強磁場環境裏究竟發生了什麼。可能的情況是外核中的電流對內核起到了一種磁性拖曳的作用，這與大氣層中的射流相似。

到目前為止，整個地核中只有大約4%是冰凍的。但在30億–40億年後，整個地核都將凝固，屆時，我們也許就會失去磁防護了。

# 第四章
## 海洋之下

### 隱秘的世界

在我們這個星球上，71%的表面積被水覆蓋，其中只有1%是淡水，2%是冰，餘下的97%都是海洋中的鹽水。水體的平均深度是4000米，最深處可達11000

米。水面上露出的只是冰山一角。在深度超過50米，也就是所謂的透光帶之下，陽光就很難穿透了。其下方是一個冰冷黑暗的世界，與我們的世界截然不同——至少在大約130年前的確如此。

1872年，英國皇家海軍「挑戰者」號啟航，開始了海洋探索的首次科學遠航。這艘船遍訪了所有大洋，在四年中航行十萬公里，但其航行的深度卻只能通過在船側放下一個砝碼進行單點測量。因此，在第二次世界大戰期間聲吶和沉積物取芯等技術取得發展之前，海洋學進步的步伐還十分緩慢。冷戰期間，西方諸國需要優質的海床地圖，以便隱蔽自己的潛水艇，還需要先進的聲吶和水下測聲儀矩陣來偵測蘇聯的潛水艇。如今，船隻安裝和拖曳的聲吶掃描儀已為大部分海床繪製了相當詳細的地圖。在很多地區，大洋鑽探計劃已經獲得了其下岩石的樣本，深水載人潛艇和潛水機器人也已經造訪了很多有趣的處所，但亟待探索的空間仍然很大。

## 水從哪裏來？

地球最初的大氣層看來可能被初生太陽的太陽風刮走了大半。我們幾乎可以肯定，促成地球最終形成的大爆炸以及產生了月球的大撞擊此二者所產生的熱量，必定熔融了地表的岩石，蒸發了大半原始水體。那麼，如今我們看到的廣闊大洋是從哪裏來的？40億

年前最古老的岩石裏埋藏着線索，它們在形成之時被液態水環繞着，水生細菌出現後不久也提供了有關的證據。印度在距今30億年前的沉澱物中發現了最古老的雨滴化石印記。某些地表水可能是以火山氣體的形式從地球內部逸出的，但大多數或許來自太空。時至今日，每年仍有大約三萬噸水從遙遠的外太空隨着彗星粒子的細雨落向地球。在太陽系初期，水流量一定明顯高得多，後來的很多撞擊也可能是由整個彗星或其碎片所造成的，其組成被比擬為髒雪球，其中包含着大量的水冰。

**鹹味的海洋**

如今，按重量計算，海水中大約有2.9%是溶解的鹽類，其中大部分是食鹽，即氯化鈉；但也含有鎂、鉀、鈣的硫酸鹽、重碳酸鹽和氯化物，此外還有些微量元素。海水中的鹽度各不相同，取決於蒸發率及淡水的流入。因此，比方說，波羅的海的鹽度較低，而被陸地包圍的死海，其鹽度大約是平均值(即每千克海水含35克固態鹽)的6倍。但鹽度中每種主要成分的相對比例在全世界範圍內是一致的。

海洋並非一直這樣鹹。大部分鹽類據信來自陸地上的岩石。一些鹽類只是被雨水和河流溶解，而另一些則是由化學風化作用釋放的，在風化過程中，溶解在雨水中的二氧化碳生成了弱性的碳酸。這種物質將

岩石裏的矽酸鹽礦物緩慢地轉變成粘土礦物。這些過程往往會保留鉀而釋放鈉，這就是為什麼氯化鈉成為海鹽中的最大組分。近數億年來，海洋鹽度大致穩定，風化作用與蒸發岩礦床和其他沉澱物的沉積作用二者所輸入的鹽分大致達到了平衡。

## 鮮活的海洋

　　海洋中還有很多微量化學物質，其中很多是對生命非常重要的養分，因而對於海洋生產力也至關重要。因此，它們往往在地表水體中便消耗了。將航行在太空中的彩色圖像掃描器調試成對浮游植物的葉綠素等色素的特徵波長敏感，即可繪製出海洋中季節性繁殖帶的地圖。最高的生產力往往發生在中高緯度地區的春季，在那裏，溫水與營養豐富的冷水相遇。1980年代，加州莫斯蘭丁海洋實驗室的馬丁(John Martin)注意到，浮游生物的大量繁殖可能會在火山型洋島周圍造成下降流。他認為，鐵或許是限制海洋生產力的一種養分，而火山岩會提供微量的溶解鐵。從那以後，科學家們把小塊的鐵鹽放置在南太平洋中，又觀測了冰川期開始時海洋生產力最高地區的沉積岩芯，當時風吹來的塵埃為海洋提供了鐵元素：這類實驗和觀測結果均證實了約翰·馬丁的看法。但用鐵來改善海洋生產力未必是應對日益嚴重的溫室效應的良方，因為隨着浮游生物的死亡或被食用，大多數被吸

收的二氧化碳似乎又循環回到了溶液之中。

## 海洋的邊緣

大陸的邊緣往往會有一條窄窄的大陸架,深度只有200米。從地質角度來看,這事實上是大陸而非海洋的一部分,此外,在海平面低得多的時期,部分大陸架一定曾經是乾燥的陸地。大陸架的生產力往往很高,漁業發達,至少在過度捕撈開始減少漁獲之前如此。有機生產力與河流或風從附近大陸沖刷下來的大量粉砂、淤泥和沙子一起,積累了厚厚的沉澱物。在河流提供這些沉澱的地方,負載着沉澱物的濃稠水體有時會(幾乎跟河流一樣)繼續流經峽谷和大陸架的邊緣,有時則會繼續流向大海達數千公里,直到最終散開,形成三角洲那樣的地形——亞馬遜河的情況就是如此。在一些地方,大陸架的邊緣會有懸崖和峽谷等壯麗水下景觀,雖然只有通過聲吶才能看得到,但它們與陸地上的景觀相比毫不遜色。

## 洋底

深邃廣袤的洋底相對平整,平淡無奇,數英里範圍內也不過偶然出現一些海參(它實際上是一種棘皮動物,是海星的親戚),但那裏也有山脈和峽谷。我們後面會提到洋中脊和海溝,但那裏還有很多從洋底升起的孤立的海山脈,有時稱其為平頂海山。這些平頂海

山完全像是水下的山脈，往往是一些孤立的火山。它們是在過去由地幔柱生成的，不過並非位於構造板塊的邊緣。其中很多位於水下1000多米深處以下，但有證據表明它們曾經是升出海面的火山島，被海浪侵蝕變平，又整個或部分地沉入深處。有時，下沉的速度慢得足以使珊瑚礁在島周累積下來，在火山陸地消失之後，留下一個圈形的環礁。有時在洋底橫越地幔柱時，會生成一串島嶼鏈。最著名的島嶼鏈組成了夏威夷群島以及夏威夷西北部的天皇海山。

## 滑坡和海嘯

　　大陸架和海山脈的陡峭邊緣意味着那裏的斜坡很容易變得不穩定。海床和大面積海底滑坡的周邊海岸有證據表明，發生海底滑坡時，邊坡坍塌使得數十立方公里的沉澱物像瀑布下落一般沉入深海平原。馬德拉群島和加那利群島西面的大西洋、非洲西北部的外海，以及挪威北部的外海領域都存在着經過仔細研究的樣本。有時，滑坡是由地震引起的，在其他情況下則只是沉積物堆積得太陡而導致斜面坍塌。無論是何種原因，水下的滑坡均可產生名為海嘯的災難性巨浪。有證據表明，過去3萬年，挪威西北方向的挪威海曾經發生過3次特大的水下滑坡。其中的一次發生在大約7000年前，1700立方公里的碎石滑下大陸坡，衝向冰島東面的深海平原。滑坡引發的海嘯淹沒了挪威部

分陸地和蘇格蘭的部分海岸線，巨浪高達當時海平面以上10米。約10.5萬年前，夏威夷的拉那伊島南部曾發生過一次破壞性更大的滑坡。拉那伊島經歷了超過當時海平面360米的洪水，橫越太平洋的海嘯在澳洲東部堆積起的碎石高度達到海平面以上20米。

這些大滑坡，以及發生在大陸邊緣的一些較為溫和的小型滑坡所釋放的沉澱物，被水體湍流抬升起來，可以散布到相當遠的距離。滑坡產生了名為濁積岩的典型沉積物，其內的顆粒大小在不同湍流內逐級變化。初始的滑坡可能含有各種粒徑的顆粒，但隨着湍流成扇形展開，粗砂比細粉砂和淤泥流出得更快，因而各個流帶會在其內對這些顆粒進行從粗到細的分級。如今，深水沉積岩層序中經常會發現這樣的濁積岩。

## 海平面

我們的星球表面最明顯的特質之一，就是陸地和海洋的分界線：海岸線。這是地球上變化最劇烈的環境之一，地貌呈現多樣性，從高聳多岩的懸崖到低窪的沙丘和泥灘。另外不知為何，大量人群似乎特別喜歡在氣候炎熱的季節擁向此地。但海岸線並非一成不變。某些地段因為海水沖刷走數百萬噸物質而遭到侵蝕。在其他一些地方，隨着海水抬高沙洲或河流的泥濘三角洲擴大，陸地的面積不斷增大。在地質時間尺

度上，這些變化一度十分壯觀。在某些事件中，所謂的「海侵」作用淹沒了大塊的大陸。而在其他時期海水撤退，這種現象被稱為「海退」。海平面的這些明顯變化可能是很多原因導致的。當前對於全球氣候變暖的擔憂之一，就是它可能會導致海平面上升。這可以簡單地歸因於海洋變暖導致水體稍微擴張，單單這一點，就可能在下個世紀將海平面抬升大約半米。如果南極冰蓋發生明顯的融化，海平面可能會升得更高。(北極冰和南極海冰的融化對海平面可能沒有整體的影響，因為冰已經在漂浮，因而已經替代了其自身在水中的重量。)

但比起海平面在過去發生的變化，所有這些都不值一提。從上一次冰川期的高峰以來，海平面看來已經上升了160米之多。在過去300萬年裏，海平面在冰川期隨着氣候變化而劇烈變動。再回溯得更久遠一些，在9500萬到6700萬年前之間的晚白堊世，海平面曾達到其最高位，那時的淺海覆蓋了大陸的大片區域，產生了厚厚的白堊沉積，以及如今生產石油的許多沉積覆層。海平面如此異常升高，解釋該現象的一個理論是，隨着大西洋開始開放，洋底的大片區域也被地幔中升起的熱物質抬升起來。海平面地質記錄的特徵就是在海洋的穩定上升期之後，海平面會出現明顯的急劇下落。有時，海平面明顯下落可以歸因於大陸的構造隆起。在某些例子中，這種情況看來會發生

在全球各地，且不一定發生在冰川期開始之時。有時，這或許是因為洋底突然大規模開裂，真正把洋底從海洋之下拉拽了出來。

## 海洋鑽探

從1968年開始，美國領導的深海鑽探計劃使用一艘名為「格羅瑪·挑戰者」號的鑽探船，以科學方法從洋底直接取樣。該計劃在1985年被國際性的「大洋鑽探計劃」所取代，後者使用的是改進的「聯合果敢」號。項目進行了大約200個單獨的航程或航段，每個歷時兩個月左右，在每一個區間分別鑽探取得了岩芯樣本。最深的鑽孔超過兩公里，總共採得數千公里長的岩芯樣本。其中很多都包含不同深度的沉積物，最深可達火山玄武岩。它們都記錄了自身的起源以及氣候和海洋的變遷。沉積的速率非常緩慢，遠遠比不上侵蝕陸地與河流三角洲的速率。在高緯度地區，沉積物中還含有乘着冰山漂流的粘土和岩石碎片，冰山融化後，它們就被遺留在那些地方。在別處，乘風而來的沙漠塵埃和火山灰在深水沉積物中佔據了更大的比例，有時還會伴隨着微小隕石的塵埃、鯊魚的牙齒，甚至還有鯨魚的聽小骨。

表層水體的海洋生產力很高，還經常會有各類浮游生物沉下的殘餘物。在相對較淺的水體，石灰質鞭毛蟲和有孔蟲類動物的石灰質骨胳隨處可見，形成了

石灰質軟泥，固化後可形成白堊或石灰岩。但碳酸鈣的溶解度隨着深度和壓力的增加而升高。在水中3.5–4.5公里深處，就到了所謂的碳補償深度，在這一深度之下，微小的骨骼往往會溶解消失。在這裏，它們會被矽質軟泥取代，後者是由矽藻和放射蟲的微小矽酸骨骼構成的。矽酸也會溶解，但在南大洋以及印度洋和太平洋的部分海域，未溶解的量也足以形成明顯的覆層。在少數海域，通常是黑海等大洋環流受限之地，底層水沒有氧氣，黑色葉岩沉積下來。這些黑色葉岩有時富含未在厭氧條件下被氧化或消耗的有機物，這些物質可以慢慢變成石油。厭氧沉積物偶爾會散布得更加廣泛，表現出所謂的缺氧事件，在那裏，大洋環流的變化阻礙了富氧水體沉到洋底。

## 淤泥中的訊息

沉積岩芯承載着有關昔日氣候的漫長而連續的記錄。沉積物的類型可以揭示其周邊陸地上曾經發生過什麼——例如，有沒有乘坐冰山漂流至此或是從沙漠乘風而來的物質。但鈣質軟泥中氧元素的穩定同位素的比率則保留了更加精確的記錄。水分子中的氧以不同的穩定同位素的形式存在，主要是 $^{16}O$ 和 $^{18}O$。隨着海水的蒸發，含有更輕的 $^{16}O$ 的分子蒸發得更容易一些，使得海水富含 $^{18}O$。除非有大量的水被鎖在極地冰蓋之中，否則富含 $^{18}O$ 的海水很快會被降雨與河流再度

稀釋。因此，與間冰期的情況相比，此時被浮游生物吸收並堆積在沉積物中的碳酸鹽會含有更多的$^{18}O$，沉積物中的氧同位素於是能夠反映全球氣候。通過將沉積物所記錄的變化與2000多萬年的時間相匹配，大洋鑽探計劃已經揭示出氣候在這一時間尺度的波動，這似乎反映了米蘭柯維奇循環，即地球軸線的游移不定，以及地球圍繞太陽公轉的偏心率。

　　1970年代，大洋鑽探計劃來到了地中海。那裏的

圖8　海洋鑽探船「聯合果敢」號。塔架在水線上方60米處

岩芯揭示的情況頗有轟動效應。有人向我展示了其中的一個，如今它保存在紐約哥倫比亞大學的拉蒙特－多爾蒂地質觀測所。它由一層又一層的白色結晶物質組成，是一種鹽類(氯化鈉)和硬石膏(硫酸鈣)的混合物。這些蒸發岩的岩層只可能是在地中海乾涸的過程中形成的。甚至在如今，蒸發率仍然很高，以至於如果把直布羅陀海峽封堵起來，整個地中海海水會在大約1000年時間裏蒸發殆盡。岩芯中數百米的蒸發岩意味着在500萬–650萬年前這段時間，這種情況一定發生過大約40次。鑽探接近直布羅陀海峽時，科學家們遇到了一片卵石和碎片的雜亂混合物。這一定是大西洋突破直布羅陀海峽、重新灌滿地中海時，世界上最大的瀑布形成的巨型瀑布潭。想像一下，當時海水轟鳴飛濺，該是怎樣一番壯觀景象。

在大洋鑽探計劃的近期航程中，天然氣水合物覆層的鑽探當屬最有意思的項目之一。這是含有高濃縮甲烷冰的沉積物，是在深海洋底的低溫高壓條件下形成的固態形式。天然氣水合物岩芯重回海洋表面則格外令人興奮，因為它們很容易重新變回氣體，有時還會引起爆炸。這種特性讓研究變得有些困難，但據信它們的儲量非常龐大，有可能在將來成為天然氣來源，經濟意義十分重大。有人認為，它們對過去突然發生的氣候變化貢獻不小。它們可能相當不穩定，一次地震便可將大量天然氣水合物從洋底釋放出來，升

上水面，產生大量的氣泡。海平面的突然下降也會讓天然氣水合物變得不穩定，導致強有力的溫室氣體甲烷的釋放。5500萬年前的那次全球氣候突然變暖可能就是天然氣水合物釋放甲烷所導致的。有人甚至認為，近年來在子虛烏有的百慕達三角地區有船隻失蹤的報道即脫胎於大天然氣泡打破水面的平靜、弄翻船隻或使船員窒息的描述。

大量有機物可以埋藏在海洋沉積物中，在合適的環境下，還能變成石油。這往往發生在正經歷着地殼拉伸的淺海盆地。這一運動會把地殼拉薄，加深盆地，從而填補更多的沉積物。但與此同時，有機物被埋得更深，更接近地幔的內熱，在這裏被煮成了原油和天然氣。隨後，這些產物可以上升穿過滲透層，並聚集在不透水的粘土或鹽層之下。岩鹽特別容易移動，因為它的密度不太高，易於穿過大型穹地的地層。這些穹地常常會圈閉富油和天然氣儲備，墨西哥灣就是一例。

**地下的生命**

但是，海洋沉積物中的有機物並非都是無生命的。海底逾1000米以下的沉積物和上億年歷史的岩石中往往存活着大量有生命的細菌。它們似乎有可能在很久以前就被埋藏在海底的淤泥裏，埋得越來越深，一直存活到現在。它們的生活算不上刺激，但也確實

沒死。據估計，它們可能每1000年才分裂一次，靠厭氧消化有機物而生存，並釋放甲烷。某些細菌也能在或許高達100–150℃的高溫下存活——這也是石油形成的溫度範圍，因而這些細菌可能在石油形成的過程中起到了重要的作用。所有的陸地細菌中可能有90%住在地下，它們共同組成了高達20%的地球總生物量。

## 地球上最長的山脈

如果從全世界的海洋中排乾所有的水，讓其下壯觀的景色顯露出來，你會看到那裏最明顯的特徵並非比珠穆朗瑪峰還高的巨大的洋島山，也不是傲視美國大峽谷的寬廣裂縫，而是一個長達7萬公里的山脈：洋中脊系統。這些洋脊像網球上的接縫一樣在地球上縱橫。火山裂隙遍布整個山體。有時，這些裂縫在水下緩慢噴發，產生了枕狀的黑色玄武岩熔岩凝塊，像是擠出來的牙膏。這裏是新生地帶：隨着海底的延展，新的洋殼在這裏形成。

北大西洋洋中脊是19世紀中期被一艘船發現的，當時該船正在鋪設第一條橫跨大西洋的電纜。洋脊寬廣，寬度在1000公里到4000公里之間，緩慢升向中央的一列山峰，這些山峰的高度大都在洋底2500米以上，但距離海面仍有2500米。洋脊被為數眾多的轉換斷層所斷錯，這些斷層均垂直於其縱長，將脊頂移位達數十公里。脊頂常常由複線山峰組成，其間有一條

中央裂谷。20世紀上半葉，阿瑟‧霍姆斯等大陸漂移理論的支持者認為，洋脊或許標記了地幔中的對流將新地殼送到地表的位置，然而地磁測量最終證實了地質學最重要的發現之一：海底擴張。

## 磁化條帶

　　1950年代，美國海軍需要洋底的詳細地圖來輔助潛水艇。於是，考察船開始往復航行，進行聲吶測量。科學家們有機會進行其他實驗，因而當時考察船拖着一台靈敏的磁力儀橫越大洋，繪製了磁場的地圖。該地圖顯示了一系列高低場強，像是分布在洋中脊兩側的平行條帶。劍橋大學的瓦因(Fred Vine)和馬修斯(Drum Matthews)最終驗證了實驗結果。隨着火山岩漿的噴發和冷卻，它圈閉了與地球磁場對齊的磁性礦物顆粒。因此，航行經過全新世的海底玄武岩時，地球的磁場會增強些許。但是正如我們在上一章討論的，地球的磁場有時會反轉。在磁場反轉期間噴發出來的火山岩會圈閉與當時磁場相反的磁性，輕微降低磁力儀的讀數。如此一來，洋中脊兩側的磁條帶逐漸增加，從中脊向兩側移動得越遠，其下的海底就越古老。海底的確在不斷擴張。

## 新生的邊界

　　總體而言，海底擴張的速度緩慢但從未停止，從

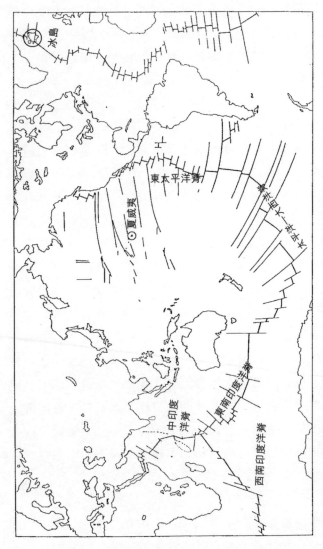

圖9 洋中脊的全球體系以及將其切斷的主要轉換斷裂帶。圖中用圓圈標記了夏威夷和冰島等熱點地區

太平洋的每年10厘米到大西洋的每年3-4厘米,大致相當於手指甲的生長速度。但岩漿噴發生成新地殼的速度並不穩定,這就是為什麼部分洋脊在伸展的過程中會出現裂縫和凹陷,而其他洋脊卻壘積成峰。在洋脊的中線之下,炙熱的地幔物質以部分熔融的結晶岩粥樣物質的形式隆起。炙熱柔軟的軟流層沿着這條線上升,遇到了一層薄薄的洋殼,其間並無任何堅硬的地幔岩石圈。因為這種地幔物質十分炎熱,密度就比較低,因而使得洋脊上升。大約有4%的地幔岩熔融形成了玄武岩漿,向上滲透穿過氣孔和裂隙,進入洋脊之下一公里左右的岩漿房。地震剖面圖顯示,太平洋部分洋脊之下的岩漿房有數公里寬,但大西洋洋脊之下的岩漿房卻窄得難以覺察。岩漿房裏的物質在緩慢冷卻,所以有些物質結晶析出並積聚在岩漿房的底部,形成了一層質地粗糙的岩石,稱作輝長岩。其餘的熔融物定期從洋脊上的裂隙噴發出去。這些噴發物的流動性很強,且不含太多的氣體或蒸汽,因而噴發的過程相當溫和。但岩漿被海水迅速猝熄,往往會形成一系列枕狀結構。

## 黑水噴口

即使沒有活躍的火山噴發,靠近洋脊的岩石依然異常炙熱。海水灌進乾燥玄武岩的裂縫和氣孔,在那裏被加熱並溶解硫化物等礦物。隨後,熱水從裂口處

升出，硫化物沉澱形成了高聳中空的火山管。能夠忍耐熱水的細菌將可溶性硫酸鹽分解為硫化物，也參與了這一過程。隨着硫化物從這種不斷冷卻的水溶液中析出，它們就形成了一種黑色顆粒的雲，因而這些出口通常被稱為黑水噴口。水可以從中高速噴湧而出，溫度超過350℃，因而在深潛潛水器中觀察這場景既危險又令人着迷。礦物質火山管以每天數厘米的速度加

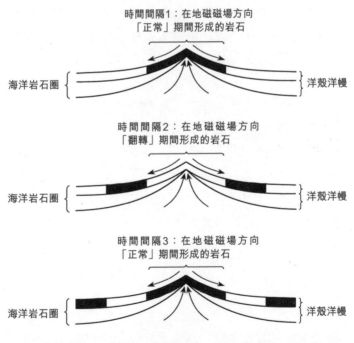

時間間隔1：在地磁磁場方向
「正常」期間形成的岩石

海洋岩石圈 { 洋殼洋幔 }

時間間隔2：在地磁磁場方向
「翻轉」期間形成的岩石

海洋岩石圈 { 洋殼洋幔 }

時間間隔3：在地磁磁場方向
「正常」期間形成的岩石

海洋岩石圈 { 洋殼洋幔 }

圖10　隨着新的洋殼從洋脊向兩側延展，洋底火山岩的磁化平行條帶的形成過程

長，直至崩塌成一堆碎片。如此一來，儲量可觀、潛在價值不菲的硫化物礦物便可堆積起來。在更加酸性但溫度略低的水域，溶解的硫化鋅更多，從而產生了白水噴口。這種噴口加長的速度更慢，通常溫度也更低一些，因而對於聚集在這種熱液噴溢口周圍的某些神奇的生命形式而言，這裏是更佳的棲息之所。這裏的生命完全依賴化學能而非陽光。原始細菌在炎熱且往往是酸性的環境中活躍生長。盲蝦、盲蟹和巨蚌以它們為食，而體內含有共生細菌的巨型管蟲從水中過濾養分。有人認為，地球上的生命最初便起始於這種地方，因此研究人員對它們很感興趣。

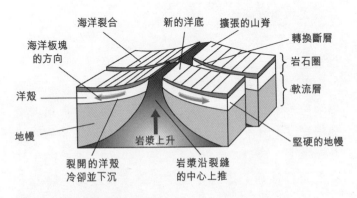

圖11　洋中脊的主要成分

## 來自海洋的財富

1870年代，「挑戰者」號航行的驚人發現之一，就是它帶回的那些奇怪的黑色結核塊，那是來自深海洋底的挖掘樣本。這些團塊含有極其豐富的錳、鐵氧化物和氫氧化物，以及具有潛在價值的銅、鎳和鈷等金屬。這些團塊被稱為錳結核，如今人們知道它遍布深海洋底的大片地區。它們具體的成因尚不清楚，但那似乎是個漫長的化學過程，金屬來自海水，還可能來自海底的沉積物。這些結核塊往往圍繞着一個很小的固體核心(也許是個玄武岩的碎片)、一團粘土，或者一顆鯊魚牙齒，長成洋蔥樣的多層同心圓。對其地質年代的估計認為，它們生長得非常緩慢，大概100萬年才會增長幾個毫米。1970年代，人們提出了各種各樣的方案，使用鏟鬥或抽吸的方式來開採這種礦物，但截至目前，由於技術、政治、生態和經濟上的困難，採掘工作尚未開始。

## 推力、拉力，以及地柱

看起來海底擴張並不像是洋底從洋中脊系統推開來的結果。就大部分洋脊而言，其下並沒有大量地幔柱熱物質上升。看起來更像是洋脊被撕開，新的物質升起來填充缺口。洋脊下沒有又厚又硬的岩石圈，只有幾公里洋殼。地幔物質從洋脊下升起時，壓力下降，某些礦物質的熔點也隨之下降了。這導致有多達

20%–25%的物質部分熔融，生成了玄武岩漿。岩漿形成的速度剛好能夠生成厚度為7公里的相當均勻的洋殼。

冰島是個值得注意的例外，那裏的地幔柱和洋脊出現了重合。那裏噴發的玄武岩遠多於他處，地殼大約有25公里厚，這就是為什麼冰島高高聳立於大西洋之上。跟蹤探測橫穿格陵蘭和蘇格蘭之間的北大西洋的加厚玄武岩洋殼，即可追溯那個地幔柱的歷史。地震勘探顯示，那裏另有1000萬立方公里的玄武岩，是阿爾卑斯山脈容積的數倍，足夠以一公里厚度的地層覆蓋整個美國。其中大部分洋殼並未噴發到地表，而是注入地殼之下，這一過程被稱作「底侵」。格陵蘭外海的哈頓灘正是玄武岩如此注入而導致的隆起。當前位於冰島之下的地幔柱可能是導致北大西洋在大約5700萬年前開始開放的原因。當時，火山活動似乎始於一系列火山爆發，其中某些火山迄今依然在蘇格蘭西北方向的內赫布里底群島和法羅群島保持活躍。

## 大洋死亡之所

洋殼一直不斷地形成。其結果是，我們很難找到真正的遠古洋底。最古老洋底的年代被確定在大約兩億年前的侏羅紀，地點位於西太平洋。人們最近在新西蘭附近發現了一段洋底，大約有1.45億年的歷史。但這樣古老的地質年齡很少見；大多數洋底的地質年

齡不到一億年。那麼，遠古海洋都去哪兒了？

答案就是一種被稱作潛沒作用的過程。隨着大西洋拓寬，一側的美洲與另一側的非洲和歐洲緩慢分離。但地球總體上並沒有變大，所以一定有什麼東西在進行整合。這麼做的似乎是太平洋。太平洋看上去被巨大的海溝所圍繞，那些海溝最深可達11 000米。它們身後則是島嶼或大陸上的火山圈，也就是所謂的太平洋火山帶。地震剖面測量顯示了海洋板塊——薄薄的洋殼及其下厚達100公里的地幔岩石圈——是如何重新陷入地球的。在其存在的一億年期間，岩石圈的岩石不斷冷卻收縮，密度越來越大，以至於無法繼續在軟流層上漂浮。潛沒作用的這一過程正是板塊構造的驅動力之一：它是一種拉力而不是推力。

在潛沒帶下沉的冰冷緻密的岩石已經到了海底，因而是濕的。氣孔的空間裏有水，礦物中也有化學結合水。隨着板塊下沉，壓力和溫度上升，水的存在為板塊流動起到了潤滑劑的作用，但也降低了某些組分的熔點，而這些組分通過周圍的地殼上升，最終流入灼熱的火山圈。正如我們在上一章看到的，岩石圈板塊的其餘部分繼續流入地幔，至少流到了670公里深處，即上、下地幔的分界線上，但最終或許會下沉至地幔的基部。地震層析成像有助於跟蹤其長達十億年的行程。

在組成地球構造板塊的大陸板塊和海洋岩石圈之間，有幾種不同類型的邊界。在海洋中，有洋脊的建設性板塊邊界，還有潛沒作用發生之處的破壞性板塊邊界。邊界可能位於海洋岩石圈下潛到大陸以下之處，例如南美洲西岸形成了安第斯山脈的火山峰。海洋也可下潛到另一個海洋下面，就像西太平洋那些幽深的海溝，那裏的火山圈組成了火山島弧。在有些邊界，一個板塊會沿着另一個板塊一路摩擦，比如加州沿岸。而在另一些板塊邊界，一塊大陸撞擊着另一塊大陸，我們會在下一章討論這種情況。

## 陸地上還剩下什麼

海洋的消失並不會帶走一切。在海洋岩石圈下潛到大陸下面，或是整個海洋在兩大塊陸地之間受到擠壓的地方，很多沉積物被舀取上來，添加到大陸之上。這是為什麼能在陸地上看到這麼多海洋化石的原因之一。有時，整塊洋殼也會被抬上陸地，這個過程叫作仰衝作用。因為來自碰撞地帶，這類岩石往往是極度扭曲的，但把若干個這樣的層序提供的證據拼湊起來，就能夠一窺全豹。它們被稱作「蛇綠岩層序」(ophiolite sequences)，英文ophiolite 源於希臘語，意為「蛇岩」。「蛇紋岩」這一名稱形容的也是同樣的事物，之所以有此叫法，是因為熱水導致綠色礦物變

形，看上去像在水中蠕動的線條。蛇綠岩層序的頂部是海洋沉積物的殘餘，其下是枕狀熔岩和可能曾被注入地下的玄武岩層。接下來是輝長岩，一種緩慢冷卻的結晶岩，其組成與玄武岩相同，在基部則是來自岩漿房底部的不同晶體覆層。在那之下可能有地幔岩的痕跡，玄武岩就是源自那裏。

## 失蹤的海洋

在過去的數億年間，顯然有很多海洋都曾歷經開放和封閉的過程。從12億到7.5億年前這段漫長時期，各個大陸聚集成一個巨型的超大陸，圍繞着它的是一個橫跨地球三分之二面積的廣闊海洋。在前寒武紀後期，超大陸分裂成若干塊大片陸地。新的海洋形成了。古大西洋是其中之一，存在的時間大約是6億到4.2億年前。其接合點，或稱地縫合線，即海洋重新封閉之處，就位於如今的蘇格蘭西北部，短程驅車即可穿過——在5億年前，那可要穿越5000公里的海面。在2億年前的侏羅紀時期，西歐和東南亞之間曾有一大塊洋面開放，即通向太平洋的特提斯洋。後來非洲環行移動撞進歐洲形成阿爾卑斯山脈、印度闖入中國西藏抬升了喜馬拉雅山脈，這一海域又封閉了。地震研究找到了特提斯洋的洋底沉入地幔的殘餘物質。

在漫長的地質時期，曾有無數機會形成新的海洋，而實際上卻都沒有形成。東非大裂谷、紅海與約

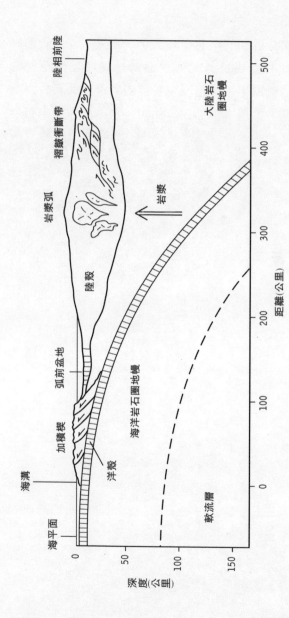

圖12 海洋岩石圈如何潛沒在大陸之下，邊緣地區的沉積物不斷累積，造成內陸的火山活動

旦河谷都是近期發生的明顯例子。產生了北海石油儲藏和巴伐利亞溫泉的北海盆地的延展則是另一個例子。再過數億年，我們現在看到的大洋地圖又會完全過時了。

# 第五章
# 漂移的大陸

　　我小時候喜歡幫媽媽做橘子果醬。我承認，我現在還喜歡幹這個，偶爾還會自己做。但如今每當我看着燉煮水果和糖的果醬鍋，都禁不住覺得自己正在觀

望着我們所在的星球的演化，只是過程大大加速了，1秒鐘大概相當於1000萬甚至1億年。果醬在小火上慢燉時會建立起對流圈，熱氣騰騰的橘子果醬團上升到表面，再四下散開。隨之而來的是一些浮渣，那是些細小的糖沫，因為密度不夠，無法再沉下去，只能聚集成片，漂在表面比較平靜的地方。這些糖沫有點像地球上的大陸。它在整個過程的早期就開始形成，慢慢聚積變厚。其下的對流模式偶爾會發生變化，糖沫便分裂開來。有時候，浮沫會聚在一起，堆得更厚。當然，這樣的類比應該適可而止。兩者的時間尺度和化學作用都太不一樣了；地質學家基本上不會在花崗岩中找到糖結晶，也不會在玄武岩中找到橘皮捕虜岩。但在考察地球的糖沫——大陸時，我們不妨把這個形象記在腦子裏。

## 地球的糖沫

陸殼與海洋底部的地殼大不相同。洋殼的主要組成是矽酸鎂，而陸殼中含有更高比例的鋁矽酸鹽。相對於地幔或洋底所含的密度更大的物質，陸殼中所含的鐵比較少。這就是為什麼陸殼能夠漂浮，儘管它是在半固態的地幔之上，而非在液體中漂浮。陸殼還可能很厚。洋殼是相當均勻的7公里厚，但陸殼的厚度可達30–60公里甚至更厚。此外，像海洋岩石圈一樣，陸殼之下也有厚厚一層冰冷堅硬的地幔。大陸的根基到

底有多深至今仍是學界爭論的焦點，該爭論很可能會以界定性的結論告終。但大陸又有點像冰山：我們看到的不過是浮出水面的一角。大陸表面的山脈上升得越高，基本上它的根基也就下扎得越深。

漂移的大陸得益於後見之明、有關地幔對流的知識和海底擴張的證據，我們很容易看到，在漫長的地質時期，大陸相對於彼此曾有過位移。但並非所有的證據都令人信服。雖然詹姆斯・赫頓提出了關於造山運動和岩石循環的理論，但任何原理的提出都需要很長時間。1910–1915年間，美國冰川學家泰勒(Frank Taylor)[1]和德國氣象學家阿爾弗雷德・魏格納提出了大陸漂移的假說。但在當時，沒有人能夠想像大陸如何像船一樣在看似固態的石質地幔上漂流。其後近半個世紀，大陸漂移的支持者一直是少數。然而該學說的少數支持者非常勤奮。南非的杜托伊特(Alex du Toit)積累了南非和南美洲之間類似的岩石結構的證據，英國地球物理學家阿瑟・霍姆斯則提出了地幔對流作為漂移的原理。直到1960年代，海洋學家們着手這項工作時，辯論才塵埃落定。赫斯(Harry Hess)指出，洋殼下的對流可能導致了海底從洋中脊向外擴張，弗雷德・瓦因和德拉姆・馬修斯也提出了海底擴張的地磁

---

1　泰勒(1860–1938)，美國地質學家。從哈佛大學輟學後，在父親的資助下成為北美五大湖地區的冰川學專家。1908年底向美國地質學會投稿，提出了大陸漂移的假說，但遭到其他科學家的忽視或反對。

證據。多虧有加拿大的威爾遜(Tuzo Wilson)、普林斯頓大學的摩根(Jason Morgan)和劍橋大學的丹‧麥肯齊(Dan McKenzie)等人發表的論文，才將各方面的證據拼接起來，形成了板塊構造學說。

板塊構造用少量堅硬板塊之間的相對位移、相互作用及其邊緣的變形，對地球表面做出了解釋。這並不是說大陸在自由漂移，而是它們被架在板塊上，這些板塊延展得很深，包括地幔岩石圈在內，通常厚達100公里。板塊並不限於大陸，還包括洋底的板塊。地球上一共有七個主要的板塊：非洲、歐亞、北美、南美、太平洋、印澳，以及南極洲板塊。還有一些小板塊，包括環繞太平洋的三個相當堅固的小板塊，以及板塊接合之處的一些較為複雜的碎片。

我的另一個童年記憶是在世界地圖上尋找大陸，把它們剪下來，並試着把它們拼成一塊大片的陸地。那一定發生在1965年圖佐‧威爾遜在《自然》期刊上發表論文那段時間前後。我還記得自己當時激動地發現這些大陸彼此相當吻合，並找到一些原因說明它們為何無法完美吻合。倒不是因為我剪得不夠精細。每一個小書呆子都知道，應該沿着大陸架的邊緣而不是沿着海岸線剪下大陸。可以切掉亞馬遜河三角洲，否則它會與非洲重合，因為自從大陸分離之後那裏又有了新的進展。更讓人興奮的發現是，北美洲和南美洲需要分開才能完美接合，西班牙則必須和法國分手。

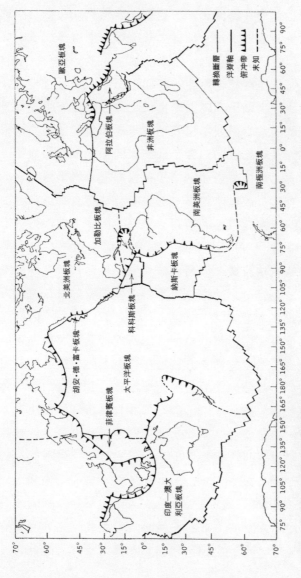

圖13 世界的主要構造板塊及其邊界

如果把西班牙轉回去，就會在如今的比利牛斯山脈那裏撞上法國。那麼，這種大陸碰撞是否就是造成山脈的原因呢？

大概是在我青春期的時候，全家假期旅行時帶我去了比利牛斯山和阿爾卑斯山。在一些地方，我看見那裏的沉積岩層並不像其他受干擾較少的地區那樣平整，而是皺巴巴的，像是疊起來的起伏不平的地毯。這把我的思緒又帶回到橘子果醬那兒。燉果醬時要把一隻瓷盤子放在冰箱裏。每隔幾分鐘把它拿出來，在上面滴上幾滴滾熱的果醬。果醬冷卻後，把手指按上去。如果果醬還是液體，那就舔舔手指頭在一邊等着，讓它接着燉。但是過一會兒，果醬接近其凝固點時，放在盤子上的樣品用手指一按就會起皺，就像大陸碰撞的縮微模型。對於巨大尺度上的大陸行為而言，這可是個不賴的模型。岩石重疊受到了難以置信的壓力，還可能從下方被加熱，在大陸碰撞的側向力的影響下，會傾向於折疊而非破碎。受影響的巨石會受到重力的強大作用，因此，在自身重量的作用下，最險峻的褶皺會下垂成為過度褶皺，看上去就越發像軟質奶油冰淇淋或橘子果醬的外皮了。

## 地球不是平的

從地圖上剪下來的平面大陸不會彼此完美吻合的另一個原因是，它們所代表的應當是球體表面上的板

塊。在投影地圖上，它們被扭曲了。但在球體表面滑動堅硬的板塊也並非易事。簡單的直線移動顯然不行，因為球體上沒有直線。每一點移動實際上都是沿着穿過球體的軸進行的轉動。但還有其他難題。其一是在所有相互碰撞板塊中找到一個參照物，其二是要將海底擴張的不同速率考慮在內。要研究大西洋的開放以及美洲從非洲和歐洲分離的相對位移，簡單模型可能會調用一個類似地球自轉軸的軸線。但那就要造出橘皮一樣的大西洋洋殼，赤道位置較寬，朝着兩極的方向均勻變窄。海底擴張的速率的確各不相同，但這一點無法直觀展現。擴張的結果就是轉換斷層；這些數千公里長的地殼斷裂有效調整了洋中脊片段的偏差。

## 參照系

有了海底擴張的證據和地幔對流的原理，板塊構造學說迅速建立起來，成為現代地球科學的核心理論。但直至現在，仍有地質學家反對使用「大陸漂移」這一術語，因為它會讓人聯想到這一原理尚未得到正確解釋且幾乎無人信服的那段時間。然而，一旦人們準備好接受這一理論，過去的板塊運動的證據便明確顯現了。地質學證據可以證明同種類型的岩石分開後，如今位於一個大洋的相反兩側。現存生物和化石遺跡的證據亦可證明在過去的不同時期，不同的生

物種群彼此隔離，有時還能夠在大陸間穿越。例如，澳洲與亞洲的某些部分，如馬來西亞和印度支那，分開至今也不過兩億年。從那時開始，這兩片大塊陸地上的哺乳動物各自獨立演化，結果是有袋類動物在澳洲佔據了主要地位，而有胎盤的哺乳動物在亞洲得以發展。

我們在上一章討論過洋底玄武岩中有地磁反轉的證據，同樣，地磁證據也提供了昔日大陸運動最全面的畫面。在火山岩凝固時像微小的羅盤指針一樣被圈閉其中的磁性礦物顆粒，記錄着當時北極的方向。它們不僅顯示了磁場本身的小擺動和大逆轉，還描繪出千萬年甚至數億年間更廣範圍內的大型曲線系列，即所謂的磁極遷移曲線。這實際上正是大陸本身相對於磁極如何位移的圖示。在比較不同大陸的曲線時，有時會看到它們一起移動，有時又分道揚鑣，看到各個大陸本身分離、漂流，又重聚，翩然跳出一支大陸圓舞曲。實際上，這更像是一支笨拙的穀倉舞，因為大陸步履凌亂，有時還會撞在一起。

靈敏的儀器甚至可以跟蹤當今大陸的相對位移。在短距離內，比如局部跨越板塊邊界的地方，測量技術可以做到非常精確，尤其是激光測距。但如今人們也可以通過太空完成整個大陸級別的測量。某些有史以來發射的最奇特的空間衛星就是用作激光測距的。這種衛星有一個由鈦等緻密金屬組成的球體，上面鑲

嵌了很多貓眼一樣的玻璃反射器。這些反射器能夠原路反射向其射來的光線，因此，如果從地面射出一束精密的強力激光，並原地記錄反射脈衝的時間，就可以算出精確到厘米的距離了。比較來自不同大陸的數值，就能看到年復一年，它們發生了怎樣的位移。利用來自遙遠宇宙的無線電波作為參照系，天文學家可以用射電望遠鏡進行同樣的測量。現在，美國軍方GPS(全球定位系統)衛星已經取消擾頻設置，地質學家在野外使用小型手持GPS接收器即可達到相似的精度。細緻使用多種讀數的話，精度甚至可以提高到毫米級。答數證實了海底擴張速度的證據：板塊相對位移的速度大致相當於手指甲的生長速度，即每年大約3–10厘米。

當然，所有這些板塊運動的測量都是相對的，人們很難為所有的測量建立一個整體的參照系。夏威夷出現了一個線索。夏威夷的大島[2] 是一系列火山洋島中最後出現的，這些火山洋島向西北方向延展，繼而潛入水下，形成天皇海山鏈。玄武岩的地質日期顯示，越往西北方向去，當地的玄武岩就越古老。這個島鏈似乎標記着一個通道，太平洋板塊經這裏橫越其下一個充滿地幔熱物質的地柱。將此地幔柱的歷史位置與其他地幔柱加以比較，就會看到它們之間幾乎沒有什

---

2　即夏威夷島，夏威夷群島中最大的島嶼，位於群島最南端，面積10 414平方公里。

麼相對位移；如此一來，這類地幔柱或許可以作為基準點，因為其下的地幔幾乎沒有過什麼變化。至於以此為參照系的絕對板塊運動，對它們的估計顯示，西太平洋移動得最多。與之相反，歐亞板塊幾乎沒有移動，因此，歷史上選擇格林尼治作為經度的基準點，或許有其合理的地質學依據！

## 大陸圓舞曲

　　將地質學和古地磁學的證據結合起來，就能通過地質時間來回溯構造板塊的運動。我們如今看到的大陸是由一塊超大陸分裂而來的，這塊超大陸被命名為聯合古陸。在大約兩億年前的二疊紀時期，超大陸分崩離析，起初形成了兩個大陸：北面的勞亞古陸和南面的岡瓦納古陸。那些大陸的分裂至今仍在繼續。但回溯到更加久遠的過去，聯合古陸本身似乎是由更早時期的多個大陸集聚形成的，再向前回溯，曾經存在過一個更為古老的超大陸，名叫潘諾西亞大陸，而在它之前的超大陸叫羅迪尼亞大陸。這些超大陸分裂、漂移再重新集聚的周期被稱為威爾遜周期，得名於圖佐·威爾遜。

　　再回溯到前寒武紀，時間越久遠，畫面就變得越模糊，也就越難辨認出我們如今所知的大塊陸地。例如，在大約4.5億年前的奧陶紀時期，西伯利亞靠近赤道，大塊陸地大多聚集在南半球，現在的撒哈拉沙

漠當時則靠近南極。在前寒武紀後期，格陵蘭和西伯利亞在距離赤道很遠的南方，亞馬遜古陸幾乎就在南極，而澳洲卻完全位於北半球。

就如此長距離的漂移而言，當前的紀錄保持者之一顯然是亞歷山大岩層這塊陸地。它現在形成了阿拉斯加狹地的大部分。大約5億年前，它曾經是東澳洲的一部分。岩石中的古地磁學證據包括水平面沉向地球的傾斜度，這顯示了岩石形成之時的緯度。傾角越小，緯度越高。其他線索來自鋯石礦物的微小顆粒。它們攜帶着放射性衰變的產物，後者記錄了它們形成之時的構造活動時期。就亞歷山大岩層來說，它們顯示了兩個主要的造山期，分別是5.2億年前和4.3億年前。在這兩個時期，東澳洲都是造山的發生地，而北美洲卻一派平靜。相反，北美洲西部在3.5億年前十分活躍，那時的亞歷山大岩層卻似乎處在休眠狀態。3.75億年前，亞歷山大岩層開始從澳洲分離出來，形成了一個水下的海洋高原，彼時有各種海洋動物在那裏形成化石。

大約2.25億年前，亞歷山大岩層開始以每年10厘米的速度向北方移動。這一過程持續了1.35億年，在那段時間，隨着亞歷山大岩層抵達當前的緯度並與阿拉斯加發生碰撞，北美洲的化石也開始出現了。甚至還有可能該岩層在行程中與加州海岸擦肩而過，從加州馬瑟洛德淘金帶刮掉了一些物質。如果情況果真如此，那麼阿拉

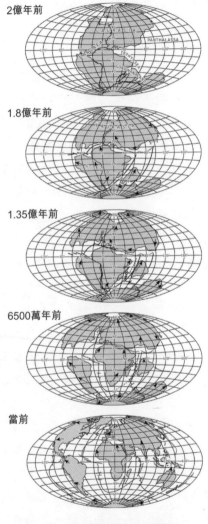

2億年前

1.8億年前

1.35億年前

6500萬年前

當前

圖14　2億年來的地球大陸變遷圖

斯加淘金潮跟加州淘金潮賴以採掘的或許都是同樣的岩石，只不過位置北移了2400公里而已。

## 大陸的堆疊

我們聽說過幾種不同類型的板塊邊界。有洋中脊的擴張中心、與洋脊垂直的轉換斷層，以及海洋岩石圈插入大陸下方的潛沒帶等等。所有這些都是相對狹窄、界定清晰的地帶，用簡單圖表便可相對容易地理解和解釋。但還有一種更加複雜的板塊邊界，堅硬板塊的構造學說無法解釋這一現象，那就是陸內碰撞。涉及洋殼的則相對簡單。只要洋殼夠冷，其密度就足夠緻密，保證其以相對陡峭的約45°角沉入地幔。陸殼不會下沉，它們像在海中漂浮的軟木塞一樣始終保持漂浮狀態，無懼拍打過來的驚濤駭浪。陸殼也比海洋岩石圈更容易變形。因此，當大陸碰撞時，那情形更像是一場嚴重的交通事故。

印度接合亞洲的過程就是一個很好的例子。在那以前的數億年，印度一直在南半球參演一場複雜的土風舞，在場的其他舞者包括非洲、澳洲和南極洲。其後，大約1.8億年前，印度分離出來，開始向北方漂移。印度西側有一些非常壯觀的山脈，即西高止山脈和德幹地盾。這些山脈共有一個奇怪的特徵：儘管海洋就在西面的不遠處，但主要的大河仍然把這些山脈中的水排向東方。巴黎大學的庫爾蒂耶(Vincent

Courtilliot)教授開始研究組成這些山巒的玄武岩中的古地磁時,還遭遇了另一個謎題。他曾在喜馬拉雅山脈研究經年,希望能與更南方的樣本進行比較。他本以為會在厚厚的玄武岩地層中找到歷時數百萬年、跨越多個古地磁反轉的古地磁數據。但事與願違,他發現那些岩石的磁極都是同向的,這表明它們一定是在最多100萬年這樣一個短暫時期內噴發出來的。牛津大學的基思·考克斯(Keith Cox)和劍橋大學的丹·麥肯齊對其間的過程得出了較為肯定的結論。印度曾經是個體量更大的大陸,在向北漂移的路上,它穿越了一個當時正值岩漿噴發期的地幔柱。這導致印度大陸的隆起。但德幹地盾剛好在這塊穹地的東側。西側是上坡,河流無法西去。難以想像的火山噴發在數千年時間裏生成了數百萬立方公里的玄武岩。最終,火山活動把大陸一分為二。我們如今知道的印度次大陸只是原大陸的東北部分。海下的其餘部分則躺在塞舌爾群島與科摩羅群島之間巨大的玄武岩積層上。事實上,這一火山流瀉發生在大約6500萬年前的白堊紀/三疊紀分界線前後,包括恐龍在內的很多動物種群也是在此期間滅絕的。也許殺死它們的根本不是某顆小行星,而是這些驚人的火山噴發所導致的污染和氣候變化。

在此期間,次大陸的其餘部分繼續北移,封閉了特提斯洋的巨大洋灣,最終撞進亞洲。雖說特提斯洋的海洋岩石圈質地緻密,可以潛沒進亞洲下面的地

幔，但陸殼卻不能如此。這兩個大陸的首次接觸是在大約5500萬年前，但其中一個大陸以巨大的動能在其軌道上不顧一切地前行，簡直沒有什麼可以阻止。封閉的速度大約為每年10厘米，後來逐漸降到了每年5厘米左右，但從那時至今仍在繼續碰撞，就像電視上慢速回放的車輛撞毀試驗。在此期間，印度次大陸又繼續向北行進了2000公里。首先發生的是沉積物的堆疊，以及隨着印度大陸板塊楔入亞洲之下，一系列潛沒斷層的地殼隨之變厚，像是在推土機前壘起一堆碎石。這層厚厚的大陸物質使得喜馬拉雅山脈至今仍在上升。

向北穿越平坦的恒河平原，我們能看到第一個巨型逆斷層形成了當地的一個明顯特徵。山巒上的沉積物隨處可見，這些沉積物曾經淤積在河床上，但現在被抬升了數十米，不過它們只有幾千年的地質年齡，表明這樣大幅度的抬升是在數次地震中突然發生的。這些山巒是喜馬拉雅山脈的山麓小丘，喜馬拉雅山脈在一系列東西走向的山脈中崛起。每一條山峰線都大致對應着另一個大陸岩石的巨型楔入。如今暴露在喜馬拉雅山脈表面的岩石大都是從大陸深處抬升上來的遠古花崗岩和變質岩。從特提斯洋的洋底提升上來的褶皺沉積物則長眠在西藏高原邊緣山脈的北方。在它們之後是一系列湖泊，它們對應着兩塊大陸的初始接合處，也就是所謂的地縫合線。

印度這樣一個古老冰冷的大陸非常結實，而且相當堅硬。它所碰撞的亞洲部分則相對年輕和柔軟。就像炙熱的地幔可以經歷固體流一樣，地殼岩石也可如此。我們在地表看到岩石時，認為它既硬又脆，但石

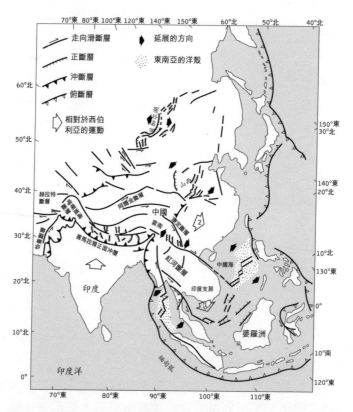

圖15　東南亞構造圖，顯示了印度次大陸碰撞以及中國和印度支那被擠向一側的運動所導致的主要斷裂

英等地殼礦物在僅僅數百攝氏度條件下就可以像太妃糖一樣流動，地幔更深處的橄欖石也是一樣。如果將印度看作相對堅固的大陸，與具有很多液體特性的另一方相撞，就能得到一些印度碰撞亞洲的最佳模型了。要說這另一方像液體，不如說它像半凝固的顏料——越用力擠壓，它就越容易變形。這類模型可以解釋中亞山脈的格局，卻無法解釋西藏高原的情形。

## 中國西藏的崛起

密度相對較低的地殼岩石的堆疊，無法只靠向下的逆沖推覆作用來調節，因而整個區域開始向上浮動。西藏地下緻密的岩石圈根部與之分離，並沉回到其下的軟流層。餘下的日益加厚的大陸岩石向上浮動，將西藏高原抬升了8公里之高。與此同時，亞洲的一部分試圖滑行讓路，印度支那滑到了東面。這一側向動作把大陸朝着更遠的北方延展，造就了很多地貌特徵，其中就包括西藏地區充滿湖水的裂口和俄羅斯境內貝加爾湖的深縱裂口。隨着地下冰冷緻密的岩石圈部分移開，炙熱的軟流層距離西藏地殼就更近了，足以導致局部的熔融，也解釋了西藏部分地區近來發現的火山岩。另有地震學證據表明，西藏高原西南部地下約20公里處有一個部分熔融的龐大花崗岩池。這也有助於解釋亞洲如何吸收了來自印度的衝擊，以及儘管西藏高原被高聳的山脈圍繞，為何它本身還能保

持相對平緩。總之，西藏高原看來不大可能會比當前平均5000米海拔更高了。再有任何抬升都會被物質向兩側流動的動作所抵消。多山地區的平均海拔也多半不會超過5000米。在這裏，高度被侵蝕所制約。儘管喜馬拉雅山脈已經有大量物質被侵蝕，巴基斯坦北部的南伽帕爾巴特峰等地區如今仍以每年若干毫米的速度上升，致使山坡變得崚嶒崎嶇，並容易發生滑坡。

## 季風

喜馬拉雅山脈的高度幾乎相當於客機正常的飛行高度，這些山脈對大氣循環構成了明顯的障礙。因此，北面的中亞地區冬季寒冷，且全年大部分時間氣候乾燥。夏季，西藏高原升起的暖空氣阻止了來自西南方的潮濕空氣，因而雲層堆積，並在印度季風的暴雨中釋放其水分。季風在阿拉伯海興風作浪，把養分帶到表層水，從而導致浮游生物一年一度的繁殖期，繼而在水下的沉積物中留下了痕跡。沉積物岩芯顯示，這一循環始於大約800萬年前，或許正對應着西藏高原大抬升的末期和季風氣候形態的源起。在中國，乘風而來的塵埃顯示，喜馬拉雅山脈北部地區也是在這一時期才開始變得乾燥。非洲西海岸之外的沉積物也有變化，隨風而來的塵埃在地層中有所增加；與其相對應的似乎是非洲開始變得乾燥，以及隨着潮濕的雲層被拉向印度，撒哈拉沙漠開始形成。有一種理論

認為，在喜馬拉雅山脈被侵蝕的過程中必定發生了大量的化學風化作用，消耗了大氣層中的大量二氧化碳，這可能為過去2500萬年各次冰川期的出場做好了鋪墊。這麼說來，我們知道是非洲的氣候變化造就了物種演化的壓力，導致現代人類在那裏得到發展，或許那次氣候變化的原因之一就是西藏和喜馬拉雅山脈的崛起。

## 瑞士蛋卷

從喜馬拉雅山脈的大陸堆疊再向西，特提斯洋收窄成一個水灣，但在意大利和非洲板塊與歐洲碰撞的例子中，碰撞的結果差別不大，只不過後者是略小一些的版本而已。阿爾卑斯山脈是學界研究最多、理解最深的山脈之一。在阿爾卑斯山脈北面有一個沉積盆地，其中慢慢地填滿了名為磨礫層的沉積物。山脈南面的意大利境內有一個波河平原，相當於印度的恒河平原。波河平原與山脈之間是一系列的沉積楔，這種沉積物叫作複理石，是由特提斯洋舀取而來的。隨後我們來到了瑞士境內高聳的阿爾卑斯山，它由大陸的結晶質基部以及下方部分熔融的花崗岩侵入體共同組成。越過高山，會看到一系列強烈褶皺的岩石，這些岩石被舀取出來，形成巨大的倒轉褶曲，名為推覆體，它們折向北方，因為自身的重量而下垂，像攪打過的奶油被舀起來那樣。這些推覆褶皺往往延展得很

遠，以至於地質年齡更加古老的岩石會堆疊在年輕岩石的上方，形成令人非常困惑的序列。與喜馬拉雅山脈一樣，那裏也有一系列逆斷層，在很多地方使得大陸地殼的厚度加倍。

## 克拉通

沒有哪個大陸是孑然孤立的島嶼。各個大陸既可分離，也可連接合併。這一結論已屢經驗證，阿爾卑斯山脈和喜馬拉雅山脈等現代山脈只是最近發生的幾個實例而已。其他山脈因為過於古老，經年累月，幾乎已被夷為平地。蘇格蘭西北的加里東山脈和北美洲的阿巴拉契亞山脈也可作為例證，只不過時間要追溯到大約4.2億年前，大西洋的某個先驅封閉之時。現代大陸都是處處顯現出這種特徵的百衲被。然而隨着大陸變得越古老越厚重，它就會越堅硬，也越持久。受構造運動影響最小、最穩定的大陸核心被稱作克拉通，它們組成了當今南北美洲、澳洲、俄羅斯、斯堪的納維亞和非洲的核心。久而久之，它們也常常會經歷緩慢的下沉。澳洲的艾爾湖和北美洲的五大湖就位於這樣的盆地。與之相反，南部非洲的克拉通卻已被其下地幔柱的浮岩抬升了。

## 大陸的剖面

地震層析成像揭示了整個地球的結構，應用同樣

的原理也可以鉅細靡遺地研究大陸的內部深處。為得到所需的高分辨率，這一技術並不依賴地球另一側發生的隨機自然地震(需要間隔很遠的測震儀才能探測到它們)，而是自行產生人工地震波，利用附近間隔緊密的探測儀矩陣來拾取反射波。地震層析成像造價昂貴，起初被石油勘探公司所壟斷，這些公司小心翼翼地守護着探測結果。但如今很多國家項目都在共享這類數據。其中最先進的當屬北美洲，美國的大陸深度反射剖面協會和加拿大的岩石圈探測計劃均已建立起詳細的剖面圖系列。為了產生震波，他們使用一個小型的專用卡車車隊，利用水錘泵帶動重型金屬板來震動地面。綿延數英里的傳感器網絡監測這些深度震動，並記錄來自地下許多地層的反射。計算機分析可以顯示出每一個不連續面或密度突變。這些剖面圖遠比石油勘探者最感興趣的沉積盆地還要深得多。它們顯示了在很久以前合併的各個大陸之間的遠古縫合線，還顯示出沉降到加拿大蘇必利爾湖地區下方地幔中去的一個地層的反射，它很可能是迄今發現的最古老的潛沒帶，其洋底屬於一片早已消失的海洋，地質年齡大約為27億年。這些剖面圖顯示出從地幔上升卻無法穿透厚重大陸的玄武岩岩漿如何在大陸之下鋪墊玄武岩石板，即所謂的岩牆；還顯示了當大陸岩石被埋得足夠深時，它們是如何開始熔融，從而上升穿過大陸，重新結晶成為花崗岩的。

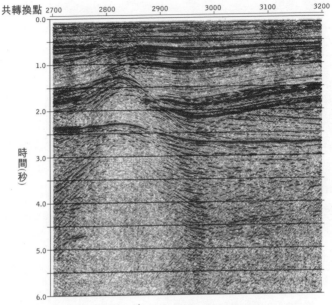

圖16 地球地殼內的各地層和一個穹地結構的地震反射剖面圖示例

## 花崗岩的上升

随着大陸岩石的堆疊，大陸的基底也被越埋越深。大陸下沉時被加熱，基底的岩石開始熔融。這些岩石中很多都是數十億年前沉積在海底的遠古沉積物。它們含有與岩石化學結合的水。水有助於岩石的熔融，並有潤滑作用，使它們容易上升到表面。與火山岩不同，它們過厚過粘，無法從火山中噴發出去。相反，熔融岩石的巨大氣泡或達數萬米之巨，向上推進更高層的大陸地層，速度也許相當快。它們炙烤着

周圍的岩石，緩慢冷卻後形成由石英、長石和雲母組成的粗糙結晶岩：花崗岩。最終，周圍的岩石逐漸磨損，露出壯觀的花崗岩穹隆，達特穆爾高地[3]即是一例。

對一個由矽酸鹽岩石和大量的水組成的、構造運動活躍的星球而言，花崗岩的形成或許是不可避免的。但絕不會出現一個沒有大陸而只有環球海洋的「水世界」。只要有水，它就會設法參與岩石的化學過程，在它們熔融之時提供潤滑，以便它們能夠以大塊花崗岩的形態上升，形成大陸的頂峰高出海面。如果沒有水，那就是金星上的情形了：沒有板塊的大地構造。如果沒有熔融岩漿的內火，就是火星上的情形：古老冰冷的地表，即使有生命，也深藏在地下。在地球上，海洋和大陸始終處於動態的相互作用中，有時這種相互作用是你死我活的。

## 地球中的寶藏

地質勘探最初的動機之一便是尋找礦藏。若干地質過程可以形成或濃縮出珍貴而稀有的物質。地球的熱量可以溫和加熱沉積盆地的生物遺跡，從而生成煤炭、石油和天然氣。我們已經看到了深海熱液噴溢口周圍何以富集貴金屬硫化物，也看到了錳結核在深海洋底形成的過程。礦物以多種方式在大陸岩石中富

---

3　位於英格蘭西南部德文郡的一個高原。

集。在熔融的岩石中可以形成結晶，其中密度最大的會沉到熔體腔的底部。在聚集礦物質的同時，上升並穿過其他岩石的熔融岩石團塊會驅使超熱的水和蒸汽先行上升。在壓力下，這種水汽混合物可以溶解多種礦物，特別是那些富含金屬的礦物，並推動它們穿過裂縫，那些裂縫曾是它們作為礦脈的寄身之所。其他礦物會在水分蒸發或岩石中的其他組分受到侵蝕時在岩石表面濃縮。只要我們擁有使之再生的技術，地球中的寶藏就唾手可得了。

## 尋找失落的大陸

如果說在地球歷史的大部分時期，大陸浮沫一直都聚集在地球表面，那它是從何時開始的？第一塊大陸在哪裏？這還很難說。最古老的大陸岩石經過改造、折疊、斷裂、掩埋、部分熔融、再度折疊和斷裂，被新生侵入岩滲透。此過程是如此漫長複雜，以至於很難清楚地解釋，簡直有點像從垃圾場的壓實廢料中辨認某一輛車的殘骸。但尋找地球上最古老岩石的探索恐怕已經接近尾聲。第一批競爭者中有些來自南非的巴伯頓綠岩帶。這些岩石的地質年齡超過35億年，但它們是枕狀熔岩和洋島的殘留物，而不是大陸岩石。如今，人們在澳洲西部的皮爾巴拉地區找到了相似的岩石，格陵蘭西南部也有距今37.5億年的岩

石，但這些也是海洋火山岩。第一塊大陸的最佳候選者長眠在加拿大北部腹地。在耶洛奈夫鎮[4]以北大約250公里無人居住的不毛之地，靠近阿卡斯塔河的位置，孤零零地立着一個工棚，裏面裝滿了地質錘和野營裝備。門上方有一個粗糙的標牌：「阿卡斯塔市政廳，建於40億年前。」附近某些岩石的地質年齡已逾40億年。

那些岩石之所以泄露了自身年齡的秘密，要多虧在其晶格中圈閉了鈾原子的鋯石礦物顆粒，鈾原子經過衰變，最終變成了鉛。這些顆粒難免會因為再熔化、後期生長，以及宇宙射線損傷而受到影響，但澳洲研發的一種名為「高靈敏度高分辨率離子探針」的儀器，可以使用氧離子窄射束來轟擊鋯石的微小部分，以便對顆粒的不同區域單獨進行分析。某些顆粒的中心部分顯示其地質年齡高達40.55億年，使得它們榮膺地球上最古老岩石的稱號，並以自身的存在證明了地球形成不到5億年即出現了大陸這一結論。

## 一粒沙中見永恒

但仍有誘人的證據表明，還有些歷史更為久遠的老古董。在澳洲西部，珀斯市以北大約800公里的傑克山區有礫岩岩石，這是大約30億年前的圓形顆粒和

---

4　耶洛奈夫鎮(Yellowknife)，又譯黃刀鎮，加拿大西北地區的首府。

小鵝卵石固結在岩石中的混合物。在岩石的顆粒中間有鋯石，這一定是更早期的岩石受到侵蝕而析出的。其中一顆測出的地質年齡是44億年，而對結晶中氧原子的分析表明，當時的地表一定冷得足以讓液態水凝結。這一研究表明，有些大陸出現的時間早得遠超任何人的想像，它們在地球吸積的數億年間就已出現；人們原以為當時的地球是個部分熔融、不適於居住的世界，看來這些發現也提出了與之相反的證據。

## 未來的超大陸

本章大部分篇幅都用來回望昔日的大陸圓舞曲了。但大陸仍在移動，那麼在接下來的5000萬年、1億年甚或更遠的未來，世界地圖將會變成什麼樣？首先，合乎情理的假設是事物會沿着其當前的方向繼續發展。大西洋會繼續加寬，太平洋會收縮。曾經封閉特提斯洋的過程也會繼續，阿爾卑斯山脈與喜馬拉雅山脈之間的危險地帶會發生更多的地震和山體抬升。澳洲會繼續北移，趕上婆羅洲，繼而轉個圈撞上中國。在更遠的未來，某些運動或許會反轉。我們知道，大西洋的某個前身曾經開放過也封閉過，那麼大西洋的洋殼最終會冷卻、收縮，並開始再次下沉，或許會潛沒到南北美洲的東岸下面，這些可能都無法避免。隨後這些大陸會再度聚成一團。得克薩斯大學阿

靈頓分校的斯科泰塞(Christopher Scotese)[5]預測，2.5億年後會出現一個全新的超大陸——終極聯合古陸，其間可能會有一個內陸海，那一切都將會是曾經不可一世的大西洋留下的遺物。

---

5　克里斯托弗‧斯科泰塞(1953–)，美國地質學家，「古代地圖計劃」(PALEOMAP Project)的創建者，該計劃的目標是繪製自數十億年前開始的地球古代地圖。

# 第六章
# 火山

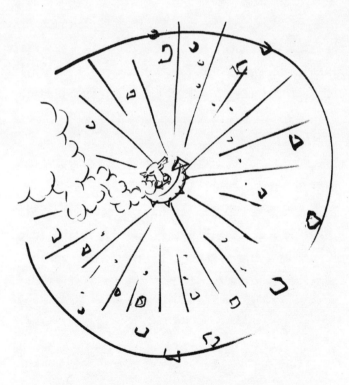

　　永無休止的構造板塊運動、山脈的抬升與侵蝕，
以及生物體的演化，這些過程都只有在地質學的「深

時」跨度上才能夠得到充分認識。但某些正在我們這個星球上進行的過程可以在濃縮的剎那間把這一切在我們眼前鋪陳開來，在便於人類觀察的時間跨度上改變地貌、摧毀生命。那就是火山。把一個活火山地圖疊加在世界地圖上，可以清楚地看到構造板塊的分界線，此二者的聯繫顯而易見。例如，太平洋周圍的火山帶顯然與板塊邊界相關。但流入這些火山的熔融態岩石是從哪兒來的？火山為何彼此不同：有些火山溫和噴發，其熔融岩漿細水長流，而另一些的噴發則是毀滅性的爆炸？還有，某些火山遠離任何明顯的板塊邊界，例如夏威夷諸火山就位於太平洋中間，這又是怎麼回事？

歷史上不乏火山噴發目擊者的記錄和對這種現象的解釋，其中有些是神話，有些是空想，但還有一些卻驚人地準確。小普林尼(Pliny the Younger)[1] 有關公元79年維蘇威火山噴發的描述就是一份較為準確的記錄。那場火山噴發毀滅了龐貝和赫庫蘭尼姆兩座古城，他的舅舅老普林尼也不幸罹難。但在很長的歷史時期中，人們並不了解火山噴發的原因，往往會認為火山噴發是火神或女神，如夏威夷女神佩蕾的傑作。在中世紀的歐洲，人們認為火山是地獄的煙囪。後

---

1　小普林尼(61–約113)，羅馬帝國律師、作家和元老。在給塔西佗的信中，小普林尼描述了他的舅舅兼養父老普林尼喪生的那次維蘇威火山爆發，也是在那次火山爆發中，龐貝城被毀。

來，有人提出地球是一顆逐漸冷卻的星球，內部還有些殘餘的星星之火，通過裂隙的體系彼此相連。19世紀，我們如今所知的火山岩被普遍認為來自海洋的覆層，這就是所謂的水成論者，其理論與火成論者截然相反，後者認為這些岩石都是曾經熔融過的。在火成論者的理論發展和普及之後，很多人認為地球內部一定是熔融態的，這種觀念直到地震學初露端倪之後才最終被拋棄。謎題之一是火山岩可以有不同的組分；有時甚至從同一個火山噴發出來的火山岩也是如此。查爾斯·達爾文等人首先提出，密度高的礦物結晶析出，沉入岩漿，所以熔融物的組分會發生變化。達爾文對加拉帕戈斯群島火山岩的觀測結果為此說法提供了證據。至於達爾文提出的有關大陸漂移的想法，則直到20世紀中葉阿瑟·霍姆斯提出有關固態地球地幔中存在對流的想法時，才算是朝着科學的真相邁出了堅實的第一步。

## 岩石是如何熔融的

了解火山的關鍵在於了解岩石是如何熔融的。首先，岩石不必完全熔融，因而雖說熔融的岩石造就了熔融態的岩漿流體，大部分地幔仍保持固態。這意味着這種熔融物的組分不一定與大部分地幔的組分相同。只要表層岩的礦物顆粒相交的角度——所謂二面角——足夠大，岩石就像多孔的海綿一樣，熔融物也

就會被擠出去。計算結果顯示出它如何流動聚集，並以類似波的形式相當迅速地上升，在表面生成熔岩；一般來說，當熔岩達到一定數量，火山就會噴發。

熔融並不一定需要溫度上升，它也有可能是壓力下降的結果。因此，炙熱的固態地幔物質組成的地幔柱在其上升過程中，所承受的壓力下降，就會開始熔融。在地幔柱的例子中，這種情況在地下極深處即可發生。夏威夷噴發的玄武岩中氦同位素的比率表明，其生成於地下150公里左右。那裏的地幔主要由富含礦物橄欖石的橄欖岩組成。與它相比，噴發而出的岩漿含有較少的鎂和較多的鋁。據估計，僅需4%的岩石熔融，便可產生夏威夷的玄武岩。

在洋中脊系統之下，熔融發生的位置要淺得多。這裏幾乎沒有地幔岩石圈，炙熱的軟流層靠近表面。這裏較低的壓力可導致更大比例的岩石熔融，或達20%–25%，從而以適當的速率提供岩漿來維持海底擴張，並生成7公里厚的洋殼。大部分洋脊噴發都無人察覺，因為它們發生在2000多米深的水下，迅速熄滅，形成枕狀熔岩。但地震學研究表明，在部分洋脊，特別是在太平洋和印度洋，洋底數公里之下存在岩漿房，不過也有證據表明大西洋中脊下也有岩漿房存在。在那裏，地幔柱與洋脊系統疊合，冰島即是一例；那裏產生的岩漿更多，洋殼也更厚，乃至升出海面形成了冰島。

## 夏威夷

夏威夷大島不僅居民熱情好客，那裏的火山也一樣十分友善。希洛鎮附近有一座4000米高的冒納羅亞(Mauna Loa)火山，但若説鎮子背後這座火山有可能爆發，其威脅可能還不如遠處的地震引發的海嘯。希洛鎮的北面和西面坐落着夏威夷群島的其他島嶼和天皇海山鏈，描摹出太平洋板塊橫越其下地幔柱熱點的漫漫征途。夏威夷大島的南方是羅希海底山，這是夏威夷火山中最新的一個。迄今為止，它還沒有露出太平洋水面，但已經在洋底建起了一座玄武岩高山，不久以後幾乎一定會變成島嶼浮出水面。夏威夷的熔岩流動性很強，可以覆蓋大片區域，而不太可能形成非常陡峭的斜坡。這樣的火山有時也被稱為盾狀火山，可以大範圍溢流玄武岩。某個特定的岩漿流往往會生成一個環繞岩流的隧道，外殼雖然凝固，內部仍然繼續流淌着岩漿。岩漿斷流之後，排乾了的隧道便保持着中空狀態。

最後一座停止噴發的大火山——冒納凱阿火山(Mauna Kea)是地球上晴天最多的地方之一，也是一個國際天文觀測台的所在地。我到那裏遊歷的一天晚上，通過望遠鏡看到了位於冒納羅亞火山側面的普奧火山口的一次劇烈噴發。第二天，我乘坐直升機低空飛越了剛剛噴發出來的熔岩流。打開艙門，能夠感受到炙熱岩漿的輻射熱，有好幾處仍在流淌着熔岩，空

氣中有一絲硫磺的氣味。但一切看來都很安全，甚至在火山口上方盤旋也是如此，不過要避開煙氣與蒸汽的熱柱。附近的基勞亞破火山口現今有過多次火山噴發，但那裏竟然還有一個觀測台和觀景台。每隔幾個星期，遊客就能目睹一次新的噴發，起先往往能看到一片火幕，伴隨着許多沿着裂縫排列的灼熱岩漿噴泉。火中並無一物燃燒，但通過灼熱奔流的熔岩釋放的火山氣導致白熱的蒸汽噴射到數十米甚至數百米的空中。火山噴發可能只持續幾個小時。儘管有高空噴射，但由於熔岩的高度流動性，火山的噴發並不是特別容易爆炸。附近火山觀測台的火山學家們可以穿着熱防護服接近熔岩，甚至火山口。他們很可能已經通過靈敏的測震儀網絡以及測量岩漿上升流所帶來的地心引力變化，探測到火山口的岩漿上升。有時，他們還能夠從火山口直接採集未經污染的火山氣樣本並測量熔岩的溫度。火山噴發的溫度大約是1150℃。

## 普林尼式火山噴發

火山噴發的性質取決於岩漿的粘性及其所含的溶解氣體和水的容量。在噴發早期，地下水全部會被飛速閃蒸成為水蒸氣。隨着壓力的釋放，氣體從溶液中揮發出來，迅速擴張，有時甚至會爆炸。四下流淌的玄武岩中所含的氣體適量，就能產生夏威夷的火噴湧現象。如果氣體含量更大，會攜帶着細碎的火山灰和

火山渣等固態物質。當岩漿仍含有大量氣體時，初期的噴發會更加劇烈。如果它有時間在相對較窄的岩漿房沉積下來，表現就會溫和得多。有時，氣體和火山灰高高升入空中，導致火山灰在空中大面積擴散。公元79年，人們目睹的維蘇威火山噴發即是如此；這種現象被稱為普林尼式火山噴發，得名於普林尼對其舅舅遇難情景的描述。

這樣的噴發可以生成很多種不同的火山岩。火山灰和火山渣在落地之前質地堅硬，但在落地後則會形成鬆軟的凝灰岩層。如果碎屑仍是熔融態的，則會形成熔結凝灰岩。靠近火山口的地方，會有大塊岩漿被拋出。如果它們在落地時還是熔融狀態，就會形成飛濺的炸彈，看出去有點像牛糞團。如果仍在飛行中的熔岩炸彈在空中凝結一層固態外殼，就會形成一枚剝層火山彈，看上去更像是一大塊發酵麵包。迅速猝熄的熔岩可能會形成一種被稱作黑曜岩的火山玻璃。有時熔岩固化時內部仍有氣泡，即所謂的氣囊。有時熔岩中的氣泡會形成泡沫，這樣生成的浮岩密度很低，能夠漂在水上。熔岩流的表面可能非常粗糙，像煤渣一樣，在夏威夷人們稱之為「啊啊」(aa)熔岩。(這是夏威夷語的一個單詞，而不是人試圖走過熔岩時發出的尖叫！)流體熔岩流形成的一層薄皮可能會起皺變成流線，生成繩狀熔岩。有時會拉出細股的熔岩，這種效果有時被稱為「佩蕾的髮絲」。

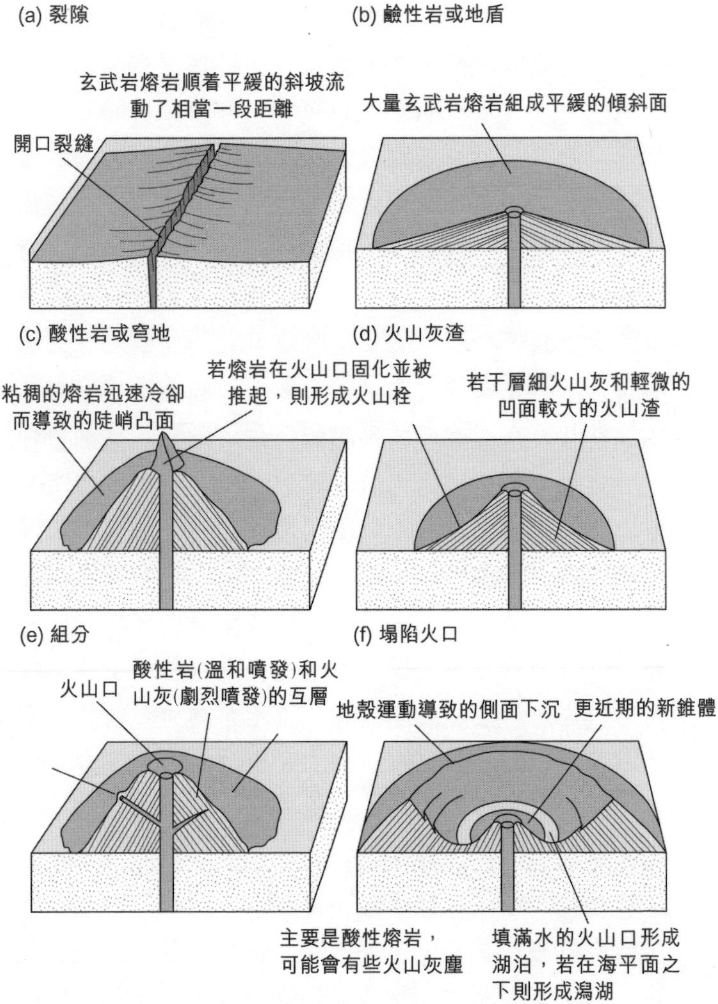

(a) 裂隙

玄武岩熔岩順着平緩的斜坡流動了相當一段距離

開口裂縫

(b) 鹼性岩或地盾

大量玄武岩熔岩組成平緩的傾斜面

(c) 酸性岩或穹地

粘稠的熔岩迅速冷卻而導致的陡峭凸面

若熔岩在火山口固化並被推起，則形成火山栓

(d) 火山灰渣

若干層細火山灰和輕微的凹面較大的火山渣

(e) 組分

火山口

酸性岩(溫和噴發)和火山灰(劇烈噴發)的互層

(f) 塌陷火口

地殼運動導致的側面下沉　更近期的新錐體

主要是酸性熔岩，可能會有些火山灰塵

填滿水的火山口形成湖泊，若在海平面之下則形成潟湖

圖17　以形狀(不按比例尺)劃分的主要火山類型

## 太平洋火圈

　　只要避開火噴湧和快速流動的熔岩，夏威夷島的火山噴發還是相當安全的。但大多數火山可不是這樣。太平洋大部分都在火圈包圍之中，那些火山的性情可要暴烈得多。當海洋板塊下潛進大陸或島弧的潛沒帶下，就形成了所謂的成層火山。這些火山常常是風景明信片的主角。日本富士山就是其中之一，它有着陡峭的圓錐形斜坡，積雪蓋頂，火山口終年煙霧繚繞。但人們往往被這類火山的美麗外表所迷惑，對其險惡的行為視而不見。它們因頻繁的地震和突然間劇烈的火山噴發而臭名昭著，比如日本的雲仙岳火山和菲律賓的皮納圖博火山均在1991年顯露出猙獰面目。它們之所以被稱為成層火山，是因為熔岩、火山灰或火山渣交替的分層結構，噴湧所及的範圍遠大於山峰本身。

　　它們之所以比夏威夷火山表現暴戾，是因為岩漿不是來自地幔的清潔新生物質。其地下的下沉物質是舊洋殼，其中浸透了水，既有存在於氣孔和裂隙中的液態水，也有與含水礦物結合的水。隨着板塊下潛，因為深度，可能也是摩擦力的作用，水被加熱了。水的存在降低了熔融點，因而發生了部分熔融。壓力非常大，以至於水在熔融物中很容易溶解，為其潤滑，從而使得這部分岩漿向上擠壓通過上面的陸殼。在它接近地表的過程中，壓力下降，水分開始變成蒸汽逸

出。這一過程非常迅速和劇烈，很像在充分搖動一瓶香檳之後拔去塞子，氣體逸出的情形。

在上升過程中，岩漿會聚積在岩漿房中，直至積聚足夠的壓力噴發出去。在此期間，緻密的礦物會固化並下落到岩漿房的底部。這些礦物，尤其是鐵化合物，是令玄武岩變得黝黑緻密的物質。留待噴發的熔融物顏色較淺，所含的氧化矽更多——在某些情況下含量高達70%–80%，而玄武岩中的氧化矽含量最多只有50%。它所形成的岩石被稱為流紋岩和安山岩，是日本和安第斯山脈等地特有的岩石。噴發十分劇烈，不僅是由於含水量較高，還因為這種富含氧化矽的熔岩的粘性也高得多。它們不易流動，氣泡不容易逸出。這種熔岩無法像夏威夷火山噴發那樣形成噴射，只會一路轟鳴，噴薄而出。

## 聖海倫斯火山

近年來最著名的一次火山噴發就是一座這種類型的火山。聖海倫斯火山位於美國西北的華盛頓州，那裏是太平洋板塊潛沒之處。1980年初，那裏還是一個松林湖泊環繞的美麗山脈，也是度假勝地。自1857年以來，它幾乎沒有過什麼活動的跡象。然後，就在1980年3月20日，一系列小地顫累積成4.2級的地震，火山再度蘇醒過來。地顫持續增加，引發了小型的山崩，直到3月27日，頂上火山口發生了一次大噴發，聖

海倫斯火山開始噴湧出火山灰和蒸汽。盛行風將暗色的火山灰吹向一側，另一側則被白雪覆蓋。火山呈現出黑白相映的景象。

截至那時，還沒有熔岩噴發出來，從火山口逸出的只是蒸汽和被吹出的火山灰。但逸出的蒸汽是預警信號，表示火山下的炙熱岩漿上升。地震活動繼續，但測震儀也開始記錄有節奏的連續地面震動，與地震的大幅震盪截然不同。這種所謂的諧波震顫據信是由火山下的岩漿上升而產生的。到5月中旬，所記錄的地震達到一萬次，在聖海倫斯火山北側還出現了顯著的隆起。地球物理學家向置放在隆起周圍的反射器發射激光束，以此來測量隆起的速度，它以每天1.5米的驚人速度向北推進。到5月12日，隆起的某些部位比岩漿侵入開始前高了138米多。火山幾乎被楔成兩半，進入了極度不穩定的危險狀態。

5月18日星期天一大早，基思·斯托費爾(Keith Stoffel)和多蘿西·斯托費爾(Dorothy Stoffel)乘坐一架小飛機越過火山上空時，突然注意到岩石和積雪向火山口內部滑落。幾秒之內，頂部火山口的整個北側開始移動。隆起部分在大山崩中塌陷下去。那情景就像拔出了香檳瓶口的塞子。裏面的岩漿暴露在空氣中。幾乎瞬間便發生了爆炸。斯托費爾夫婦趕緊駕機俯衝以便提速逃生。美國地質勘探局的約翰斯頓(David Johnson)就沒那麼走運了。在他使用無線電波從火山以

圖18　1980年美國華盛頓州聖海倫斯火山噴發是近年來最壯觀的景象之一，也留下了最精確完整的記錄。火山灰和煙霧升騰近20公里進入大氣層

北10公里處的觀測站發送出最後一道激光束測量值之後一個半小時，北側山坡塌陷下來，爆炸朝着他席捲而去。算他在內，共有57人在此次火山噴發中遇難。

爆炸開始的時間比山崩晚了幾秒，但爆炸很快就佔據上風。它散開的速度超過了每小時1000公里。在方圓12公里範圍內，樹木不但倒地，還被捲走。生靈塗炭，人造物蕩然無存。30公里開外的樹木也被掀倒，只在低窪處有零星的小片林子得以倖存。甚至在更遠的野外，樹葉也被熱量烤焦，枝幹慘遭折斷。

橫向爆炸過後不久，一道筆直的火山灰和蒸汽柱開始上升。不到10分鐘就升到了20公里之高，並開始擴展成為典型的蘑菇雲。盤旋的火山灰顆粒產生了靜電，閃電造成了很多森林火災。大風很快將火山灰吹到東面，航天衛星得以環繞地球跟蹤其蹤跡。火山灰落在美國西北部的大部分地區，厚度在1–10厘米之間。在9個小時的劇烈噴發期間，大約有5.4億噸火山灰落在5.7萬平方公里的土地上。

然而，這類火山噴發的另一個危險是所謂的火山碎屑流。它們是由爆炸散落的岩石或岩漿顆粒組成的，在一團高溫氣體中，以每小時數百公里的速度橫掃開去。其溫度和速度足以致命。1902年，西印度群島馬丁尼克島上的培雷火山噴發，火山碎屑流掃蕩了聖皮埃爾市，全市3萬居民幾乎全部罹難。頗有諷刺意

味的是，兩名倖存者中，有一位是由於被單獨監禁在通風不佳的厚牆牢房裏而活了下來。聖海倫斯火山的火山碎屑流並不比山崩碎片所到之處更遠，然而在某些地方，噴發物質抵達古老的湖底，熱量仍足以將湖水閃爆成蒸汽，那情形就像是次級火山噴發。公元79年，或許就是火山碎屑流摧毀了古城龐貝。

聖海倫斯火山本身的高度比噴發前矮了400米，中間產生了一個大大的新火山口。1988年又有數次爆發式噴發，1992年也有一次，但都不如第一次那樣壯觀。如今，山上到處都是科學儀器，它們完全能夠捕捉到進一步活動的跡象。

## 過去的爆發

聖海倫斯火山的噴發或許看似可怕，但與史上和史前其他火山噴發相比，還算是小規模的。這次噴發將1.4立方公里的物質拋到空中。相比之下，1815年印度尼西亞的坦博拉火山噴發噴射出大約30立方公里的物質，而公元前5000年，美國俄勒岡州馬札馬火山的一次噴發產生了大約40立方公里的火山灰。1883年，喀拉喀托島(位於爪哇島西面，而非電影[2] 片名中所說的東面)噴發，在洋底留下了一個290米深的火山口。共有3.6萬人傷亡，大多數溺死於隨後的海嘯，在海嘯

---

2　指1969年的美國電影《喀拉喀托：爪哇之東》，曾獲得1970年美國奧斯卡最佳視覺效果獎提名。

中，40米高的巨浪將一艘蒸汽船深深擱淺在叢林中。大約公元前1627年，輪到愛琴海的桑托林島——或稱希拉島——噴發。那次噴發發生於彌諾斯文明[3]青銅時代的鼎盛時期，很可能成為這一文明衰敗的原因之一，也是關於失落的亞特蘭蒂斯大陸的傳說的來源。在地質學的時間尺度上，這些也不過是一系列劇烈噴發中距今最近的幾次而已。

## 火山的剖析

人們關於火山的刻板印象，無非是圓錐形的山巒坐落在水池一樣的岩漿房上，從頂上火山口中噴出岩漿，然而事實上，很少有真實的火山與這種刻板形象相符。西西里島的埃特納火山是學界研究最全面的火山之一，它顯然要複雜得多。這是一座非常活躍的火山，地質年齡很可能只有大約25萬年。當然它不可能一直持續着近30年來人們所觀測到的活躍程度，否則它應該更大一些。它與維蘇威火山以及它北面的武爾卡諾島和斯特龍博利島等火山島不同。那些是由愛奧尼亞海海底的潛沒作用所提供的噴發物質組成的成層火山。與之相反，埃特納火山可能源自地幔柱。但它似乎天性善變。對不同年代的熔岩組成的測量顯示，近來它開始呈現出更多前一種火山的特性，也就是

---

3　主要集中在愛琴海地區克里特島的古代文明，其持續時間大約是公元前2700–前1450年。

說，更像是它北方那些由潛沒作用注入物質的火山了；此外，其噴發的性質看來也的確在改變，變得越來越劇烈，具有潛在的危險。

在埃特納這樣的火山下面進行測量和研究會非常複雜。並不存在什麼現成的中空管道系統坐等岩漿的到來；岩漿必須經由阻力最小的路線強行上升。在地幔柱中，首選路線很可能是易於被淚滴形的上升岩漿塊推開的低密度物質柱。在更堅硬的地殼中，岩漿必須找到一條穿過裂隙的路線。大型火山非常重，會使其所在的地殼超載，形成同心裂紋網。火山活躍期停止後，它會沿着這些裂紋塌陷，生成一個寬闊的破火山口。隨着岩漿繼續上升，它會強行進入裂紋，形成同心的圓錐形薄板或環狀岩牆的脈群。火山內部的岩漿上升會造成其隆起，並爆裂成一系列小型的地顫。在埃特納火山這個例子中，頂上火山口顯示出近乎持續的活躍度。我曾在靜止期爬上陡峭而疏鬆的火山渣錐向內窺視。即使在那時，地面摸上去仍是溫熱的，空氣中也有硫磺的氣味。火山口噴發出水蒸氣，發出的聲音與我想像中巨人或惡龍的鼾聲沒有什麼不同。

有時，惡龍醒來，火山口邊緣便不再是安全的立腳之所。噴發開始時，直徑達一米之大的炙熱岩石塊可能會被拋到空中。1979年的一次火山噴發便是如此開始的，但隨後被一場大雨澆得陷入沉默，導致了火山口內側的滑塌。然而，壓力累積起來並引發了爆

炸。不幸的是，當時火山口周圍還站着很多遊客。那場噴發中有30人受傷，9人遇難。英國公開大學的約翰‧默里(John Murray)博士回憶起1986年的另一次火山噴發，當時他在觀察一場貌似相當普通的噴發，整個下午火山活動緩慢。有火山彈落在火山口外200米範圍內，地質學家們還很安全。隨後，火山彈的落地範圍突然擴大到逾2公里。大塊的岩石從地質學家的頭上呼嘯而過，落在他們身旁。在統計學意義上，被岩石擊中的概率並不大，但約翰‧默里説身臨其境的感覺可沒這麼淡定。

約翰‧默里及其同事多年來一直在觀測埃特納火山，他們越來越熟悉噴發來臨前的徵兆。他們會使用測量技術和全球定位系統來定位山腹因其下的岩漿上升而發生的輕微隆起，還會監測地表裂縫被迫張開而引發的地顫。重力測量可以顯示岩漿上升時的密度。噴發平靜下來之後，測量者還會監測山坡，他們特別關注的是卡塔尼亞城[4]上方的東南側陡峭山坡。1980年代初期，該山坡有些地段在一年之內下沉了1.4米，有人擔心山坡會就此塌陷，甚至會降低內部岩漿所受的壓力，從而引發像聖海倫斯火山噴發時那樣的橫向爆炸。或許早在公元前1500年左右就已經發生過這種情況，迫使古希臘人放棄了西西里島東部。

---

4　意大利南部西西里島東岸一城市，也是卡塔尼亞省的首府。歷史上以地震頻繁聞名。

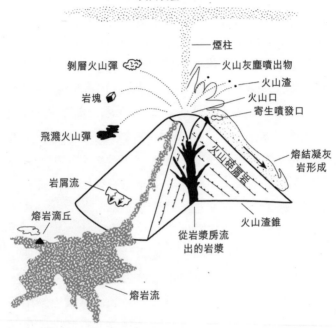

火山灰雲

煙柱

剝層火山彈

火山灰塵噴出物

岩塊

火山渣

火山口

寄生噴發口

飛濺火山彈

熔結凝灰
岩形成

岩屑流

火山碎屑基岩

熔岩滴丘

火山渣錐

從岩漿房流
出的岩漿

熔岩流

圖19　噴發中的複合火山──如埃特納火山──的一些主要特徵

　　火山噴發一般從頂上火山口開始，但是，一旦初
期的氣體釋放，岩漿便會強行穿過山腰的裂隙，有時
會危及附近的村落。人們曾試圖通過開鑿另外的通道
和鏟平土方來讓岩漿流轉向，或者用水淋澆甚或爆破
來阻止岩漿流。這些方法有時可以挽救家園，有時卻
無濟於事。1983年，一道岩漿一直流到接近地質學家
居住的薩皮恩札飯店外才停了下來。時至今日，與山
巒的威力相比，人類壓制火山力量的嘗試仍然顯得微
不足道。

## 火山與人類

　　火山灰和參差不齊的岩漿流會以令人驚訝的速度迅速分解，產生富饒肥沃的土壤。健忘的人們總是聚集在火山周圍，在那裏建起農場、村落乃至城市。如今，監測火山，並在其內岩漿上升、噴發即將來臨時至少獲得某些警報都是可能的。但即使在那樣的時刻，勸說人們離開有時也絕非易事。在維蘇威火山下的那不勒斯灣這樣人口密集的地方，及時疏散人群既不現實也不可能。在南美洲和其他地方那些不甚著名的火山，至今甚至沒有學者對其作過任何衝擊力方面的學術研究。

主要的火山

| 名稱 | 海拔(米) | 大噴發時間 | 最後一次 |
| --- | --- | --- | --- |
| 蘇聯別濟米安納 | 2800 | 1955–1956 | 1984 |
| 墨西哥埃爾奇瓊 | 1349 | 1982 | 1982 |
| 南極洲埃里伯斯 | 4023 | 1947，1972 | 1986 |
| 意大利埃特納 | 3236 | 頻繁 | 2002 |
| 日本富士山 | 3776 | 1707 | 1707 |
| 爪哇島加隆貢 | 2180 | 1822，1918 | 1982 |
| 冰島赫克勒 | 1491 | 1693，1845，1947–1948，1970 | 1981 |
| 冰島海爾加費德 | 215 | 1973 | 1973 |
| 阿拉斯加州卡特邁 | 2298 | 1912，1920，1921 | 1931 |
| 夏威夷基拉韋厄 | 1247 | 頻繁 | 1991 |

| | | | |
|---|---|---|---|
| 蘇聯克柳切夫斯科耶 | 4850 | 1700–1966，1984 | 1985 |
| 蘇門答臘島喀拉喀托 | 818 | 頻繁，尤其是1883 | 1980 |
| 聖文森特島蘇弗里耶爾 | 1232 | 1718，1812，1902，1971–1972 | 1979 |
| 美國拉森峰 | 3186 | 1914–1915 | 1921 |
| 夏威夷冒納羅亞 | 4172 | 頻繁 | 1984 |
| 菲律賓馬榮 | 2462 | 1616，1766，1814，1897，1914 | 2001 |
| 蒙特塞拉特 | | 1995年前一直休眠 | 1995–1998 |
| 扎伊爾尼亞穆拉吉拉 | 3056 | 1921–1938，1971，1984 | 1980 |
| 墨西哥帕裏庫廷 | 3188 | 1943–1952 | 1952 |
| 馬丁尼克島培雷 | 1397 | 1902，1929–1932 | 1932 |
| 菲律賓皮納圖博 | 1462 | 1391，1991 | 1991 |
| 墨西哥波波卡特佩特 | 5483 | 1920 | 1943 |
| 美國瑞尼爾山 | 4392 | 公元前1世紀，1820 | 1882 |
| 新西蘭魯阿佩胡 | 2796 | 1945，1953，1969，1975 | 1986 |
| 美國聖海倫斯 | 2549 | 頻繁，尤其是1980 | 1987 |
| 希臘桑托林島 | 1315 | 頻繁，尤其是公元前1470 | 1950 |
| 意大利斯特龍博利 | 931 | 頻繁 | 2002 |
| 冰島敘爾特塞 | 174 | 1963–1967 | 1967 |
| 日本雲仙岳 | 1360 | 1360，1791 | 1991 |
| 意大利維蘇威 | 1289 | 頻繁，尤其是公元79 | 1944 |

　　移動緩慢的岩漿流和更加致命的火山碎屑流並非僅有的危險。在噴發的火山周圍聚集起來的塵埃和水蒸氣的噴發雲會造成大雨，若與火山上融化的雪水配合，會導致災難性的泥石流或火山泥流。1985年，哥

倫比亞的內瓦多·德·魯伊斯火山就曾發生過這樣的情況，泥石流沿山坡一路掃蕩，造成大約22000人死亡。威脅甚至可能毫無行跡可覓。喀麥隆境內尼奧斯湖的深水中累積溶解了大量的火山二氧化碳。1986年的一個寒夜，湖面上緻密冰冷的水體突然下沉，把富含氣體的水帶到湖面並釋放了其中的壓力。這就像打開一瓶充分搖動的蘇打水一樣，密度大於空氣的氣體突然釋放席捲了山谷，導致附近村裏的1700人在夢鄉中窒息而死。

　　火山的力量或許無法阻擋，但通過審慎規劃和仔細監測，人類可以學着相對安全地與之共存。

# 第七章
# 地動山搖之時

　　全速橫穿大洋的超級油輪有着很大的動能，制動距離長達數十公里，然而沒有什麼能夠阻擋整塊大陸。我們已經聽過印度和亞洲歷時5500萬年的慢動作碰撞的故事，其他構造板塊也都在發生相對位移。板塊的相互摩擦引發了地震。大地震地圖所顯示的板塊分界線甚至比火山地圖還要清晰。

　　全球定位系統測量顯示了構造板塊如何以每年幾厘米的速度緩慢而穩定地滑過彼此。但在接近板塊邊

緣處，滑動就沒那麼流暢了。在有些地方，運動仍然穩定，沒有發生大地震，岩石彷彿被塗抹了潤滑劑，抑或變得非常柔軟，以至於它們的移動簡直可以稱之為蠕動。但很多板塊邊界卻動彈不得。然而大陸持續移動，張力不斷累積，最終岩石不堪忍受而突然破碎，地震就發生了。

　　隨着洋殼潛沒進地幔，也有些地震發生在很深的位置。但大多數地震都發生在頂部15–20公里處，那裏的地殼又熱又脆。岩石沿着所謂的斷層線破碎，傳出地震波。地震波看來是從地下的震源沿斷層散發出去的。震源上方地表上的那個點叫作震央。

## 地震的震級

　　黎克特和麥卡里震級表為地震劃分了等級。前一種測量的是實際的波能，後一種則標記了破壞的效果。黎克特震級表是用對數表示的，因此只使用數字1–10便可標記所有地震：從地震活躍區幾乎無法察覺的頻繁日常顫動，到有據可查的最大地震——迄今為止，最大規模的地震發生於1960年的智利海岸，其在震級表上的測量值為9.5級。震級表上每個點之間的能量差別是30倍。因此，例如，7級地震很可能比6級的破壞力大得多。令人啼笑皆非的是，黎克特(Charles Richter)這位為震級表命名的加州地震學家1985年去世

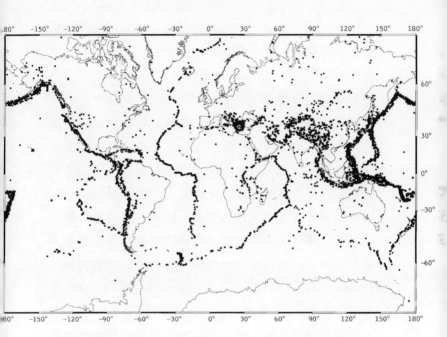

圖20　過去30年來地殼大地震(5級和以上)的分布。大多數聚集在構造板塊的邊界上，但也有少數發生在大陸腹地

之後，他的許多個人記錄卻在1994年洛杉磯附近北嶺鎮的一場6.6級地震所引發的火災中毀於一旦。

## 世上最著名的裂縫

在美國加州，地震幾乎就是家常便飯。巨大的太平洋板塊在持續運動中，它沒有下潛到美洲大陸之下，而是在所謂平移斷層與大陸擦身而過。接合位置幾乎從來都不是一條直線，因此，主要斷層線上的扭結導致很多平行和交叉的裂縫或斷層。其中大多數位置經歷了頻繁的小型地震，任何一處均有可能成為大地震的中心。包括板塊邊界本身在內，最著名的裂縫要數聖安德烈亞斯斷層了。它起自加州南部，在洛杉磯內陸曲線行進，一路向西北直達舊金山，通向大海。它在1906年惡名加身，當時舊金山毀於一場大地震，隨後可怕的火災燒毀了所有的木質房屋。

洛杉磯與舊金山之間是一片不毛之地，很容易在光禿禿的山巒中辨認斷層的痕跡。有時，斜坡上的一個微小變化即可標記其行蹤。有時，可以看見它切斷了地形，彷彿有一隻大手持刀劃過地圖。斷層似乎直線行進了100英里。我曾在洛杉磯和舊金山中間的一條高低不平的機耕道上沿着這條斷層行進。斷層東面是坦布洛山脈低矮的侵蝕丘陵，西面則是乾燥的卡里佐平原緩坡，向下直通聖路易斯——奧比斯保和太平洋。從丘陵地帶下來是一些乾涸的河床。在河床與斜

坡基部之處，似乎發生過一些奇怪的事情。那些河流並沒有直接流向西方，而是向右急轉90°，沿着丘陵基部向北走了幾十米，然後又向左急轉彎繼續流向大海。華萊士溪是其中規模最大的河流之一，這條得名於美國地質勘探局的羅伯特·華萊士(Robert Wallace)的河流深深地嵌入柔緩的丘陵斜坡。它在橫穿斷層時錯位了130米。它起初必然是直接流下山坡的，沿途切出深深的河道。在一系列地震中，平原西部突然向北傾斜，河床自然也跟着轉向了。冬汛無法在高聳的河岸上切出一條新的河道，所以這些溪流沿着斷層流淌，直到再次與原先的河床會合。這不是一蹴而就的。華萊士及其同事綜合使用了挖方和放射性碳測定年代技術，計算出了地質時期。史書中唯一一個記錄發生在1857年，它解釋了最後9.5米的平移。距離這次平移最近的兩次移動都發生在史前，分別將河道平移了12.5米和11米。平均下來，聖安德烈亞斯斷層在過去13000年以每年34毫米的速度滑動。如果保持這一速度，那麼2000萬年後，洛杉磯將會挪移到舊金山的北方，兩個城市間的距離與當前一樣，只不過現在它是在舊金山的南面。當然了，加州人都知道這條道路並不平緩，他們為此可算是吃盡了苦頭。

## 測量移動距離

在大陸尺度上測量以米或厘米為單位的移動距

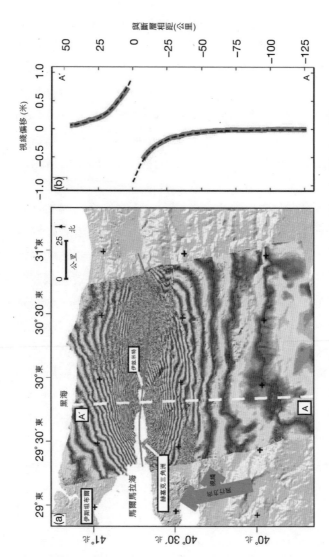

圖21　1999年土耳其伊茲米特地震前後數據相結合之後的衛星雷達干涉圖，顯示出地面的運動

離，在過去幾乎是不可能的，但如今就相對容易了。像美國加州和日本這樣的斷裂帶上被放置了各種儀器。尤其是與全球定位系統連接的接收器，可以保證連續監視這些斷裂帶在地表上的位置。如果它們連入自動監測網，就可以立即向有關方面通知地震發生的準確位置和嚴重程度。正如我們將要看到的，它們還有助於地震預警。太空可以傳送更清晰的實況圖像。配備了合成孔徑雷達的遙感衛星可以記錄地面的形狀，精確度非常高，以至於將地震前後分別拍攝的兩張圖片疊加後，可以生成干涉圖樣，顯示出移動斷層的精確區段及其運動。

## 板塊中部的地震

就算表面上看來十分堅硬的大陸板塊也受到壓力和張力，它們有時也會移動。在美國簡短的歷史記錄中，最大的地震並不是發生在加州，而是在美國東部。1811年，聖路易斯市附近的邊城新馬德里被3場黎克特震級高達8.5級的大地震所撼動。這3場地震威力強大，足以搖動波士頓教堂裏的吊鐘，如果當時廣闊的密西西比平原上存在大型的現代城市，也定會被夷為平地。迄今也不確定那場地震是由於在密西西比河沉積物的重壓之下大地下沉所導致的，還是威力無窮的密西西比河本身恰恰就是地殼延展的產物。原因可能在於這裏是某個海洋企圖開放的備選線路，儘管

最終它選擇了阿巴拉契亞山脈另一側的大西洋。但也許它是在作另一番嘗試。無論原因如何，如果今天在新馬德里再來一次地震，所造成的破壞將是不可估量的。

## 深層地震之謎

通過繪製地震深度圖，我們就有可能跟蹤海洋岩石圈在潛沒帶下降的位置，如太平洋板塊潛入南美洲安第斯山脈之下的具體位置。在起初的200公里左右，岩石冷脆，因而會破碎，又因為接近表面，所以就產生了地震。但某些地震的震源似乎要深得多，有的深達600公里，那裏的熱量和壓力會讓岩石變得軟韌，使它們更易變形而非破碎。一個可能的解釋是，這些深層地震或許是由於整層結晶正在經歷着相變，從海洋岩石圈中的橄欖石結構變為地幔中密度更大的尖晶石型結構。反對這一學說的論據是，這一過程只會發生一次，而同一地點迄今已經發生了好幾次有記錄的地震。但這也可能是因為有連續若干層橄欖石在經歷相變。

## 聽天由命

2001年1月，整個印度西北部地動山搖，這場毀滅性的地震震央位於古吉拉特邦普傑市。此乃印度與亞洲的洲際碰撞餘波未了。印度與中國西藏之間的相對運動仍在以每個世紀大約2米的速度持續累積。20世紀

圖22　近年來城市地震中的高速公路隆起導致了驚人的人員傷亡。這是1995年日本神戶市的景象

已經發生了一些嚴重的喜馬拉雅地震，但一定有很多地區累積了大得多的張力。2米的滑坡便有可能產生7.8級的地震。但在印度從下方推入喜馬拉雅山脈的逆斷層中，某些部分已經積累了相當於4米滑坡的張力。實際上，某些地區500多年都沒發生過嚴重的地震了。這樣的「大地震」的確會是毀滅性的。儘管上個世紀以來建築標準有所提高，普傑地震的證據表明，如今一次震級相當的地震可能造成的死亡人口比例與100年前無甚差別。而與此同時，處於危險之中的人口數量增加了10倍甚至更多。如果1905年的坎格拉[1]地震今日重現，遇難人數很可能會達到20萬。如果恒河平原的某座大城市發生了地震，這個數字可能會上升一個量級。東京，另一個人口密集的地震帶，從1923年至今尚未發生過大地震。如果那裏現在發生一場大地震，就算日本的建築標準有所提高，估計也會造成7萬億美元的破壞，這也許會導致全球經濟的崩潰。

## 為地震而設計

人們常說，取人性命的是建築物，而非地震。當然，地震中的大多數遇難者都死於倒塌的建築物和後續的火災。建築物是否會在地震中倒塌，受到很多因素的影響。地震的力量顯然十分重要，但震動持續的

---

1　印度北部喜馬偕爾邦人口最稠密的地區，位於喜馬拉雅山脈的山腳下。

時間也很重要，其後便是建築的設計。就小規模的結構而言，柔韌材料比脆硬的材料好。就像樹木可以在風中搖曳，木框架的建築物也可以在地震中搖擺而不致倒塌。重量輕的結構在倒塌之時不易致人喪命。但日本住宅傳統使用的木材和紙張隔斷牆更容易着火。地震中最糟糕的建築大概就是磚石建築以及加固質量很差的混凝土框架了；這在較為貧窮的地震易發國家極為常見。1988年亞美尼亞的斯皮塔克市附近的地震和1989年美國舊金山附近的洛馬普列塔地震都是7級，但前者導致10萬人死亡，而後者的死亡人數只有62人，這很大程度上是因為加州有非常嚴格的建築物規範。那裏的高層建築非常堅固，並且不會與地震波的頻率產生共振。許多高層建築在地基內都安放了橡膠塊來吸收震動。在日本，一些摩天大樓在屋頂處配有重物系統，可以快速移動以抵消地震引起的晃動。

## 地面液化之時

如果你曾經站在濕潤的沙灘上上下晃腳，你或許會注意到，水會在沙中上升，你的腳會陷進去；沙子液化了。地震搖動潮濕的沉積物時，也會發生同樣的現象。1985年墨西哥城地震的震央遠在400公里之外，但城裏還是有很多建築被毀。那些建築建在一個古湖的填拓地[2]上，地震波在淤泥中往復共振了將近3分

2　由原有的海域、湖區或河岸填埋形成的陸地。

圖23 加州的聖安德烈亞斯斷層並非地殼上的一條單一裂縫。連這張地圖也是經過簡化的

鐘，導致地面液化，便無法再支撐其上的建築。無論建築物的地基有多深，一旦地面液化，都無法再提供多少支撐了。在1906年和1989年舊金山附近的兩次地震中，毀壞最嚴重的建築物都位於海港區，就是建在填拓地上的。

## 火災

地震襲擊城市時，最大的危險之一便是火災。在1906年的舊金山地震和1923年的東京地震中，死於火災的人數都多過死於地震本身的人數。爐灶傾倒就很容易引起火災，在木質建築物的雜亂廢墟中快速蔓延，破裂的煤氣管道更是為之添柴加油。舊金山的消防力量不足；消防車都被困在車庫裏或堵塞的街道上，破裂的給水主管將城市的給水系統消耗殆盡。如今，像舊金山這樣的地震易發城市都在開發燃氣和自來水的所謂「智能管道」系統，在壓力由於管道破裂而突然降低的情況下，該系統可以迅速地自動關閉相應區段。

## 拯救生命

地震期間最安全的地方當屬開放、平坦的鄉間，而恐慌則是最要不得的。在城市裏，室外隨處會有下落的玻璃和磚石，還不如待在室內的樓梯等堅固結構之下來得安全。日本和美國加州的學童都接受了如何進行自我保護的常規訓練。然而，在真正的地震發生時，大多數人還是會愣在原地或驚慌失措地跑向室外。如果人們被困在倒塌的建築物中，搜救人員可以使用一整套熱敏相機和探聽裝置來找到他們，悲劇固然不可避免，但每一次災難過後，都會發生不可思議的營救奇跡。

## 機會與混亂

在某種程度上，地震是能夠有把握地預測的。舊金山、東京和墨西哥城等城市必將經歷下一次地震。但知道這一點對於住在那裏的人沒什麼用處。他們想準確知道的是「大限」何時將至，地震又有多嚴重。但這些正是地質學家無法預測的。就像天氣一樣，地球也是一個複雜的系統，微小的起因就可以導致巨大的結果。亞馬遜河畔那隻虛構的蝴蝶振動一下翅膀就能影響歐洲的天氣，同樣，卡在斷層中的小卵石也可以引發地震。人類大概永遠不可能完全準確地預測地震，但以概率預測地震的效果越來越好了；距離地震發生的時間越近，預測的準確率越高。

## 傳統的地震前兆

在科學儀器出現以前很久，人類就一直在尋找地震預警，向他們通報即將來臨的地震。特別是中國人，他們相當擅長觀察奇怪的動物行為、水位的突然變化和水井中的含氣量，以及其他地震前的徵兆。正是利用這些指標，在1975年的一場毀滅性地震發生前數小時，海城市便被疏散一空，拯救了數十萬人的生命。但一年後，24萬人死於唐山，事先沒有任何預警。其他線索包括微弱的光電閃爍，可能是由於礦物結晶受到擠壓而產生的，就像按下壓電式氣體打火機會產生火星。有人對動物感知地震迫近的方式進行了

認真研究；例如，日本有人觀察鯰魚是否會因為電子干擾而表現異常。但鯰魚的異常行為有哪些？何況有多少戶人家會監測鯰魚呢？另有證據表明，在大地震來臨之前會有極低頻率的電磁波。不過這麼説到底，最準確的指標看來要數穿行過地面的地震波了。

## 把握先機

多數大型地震發生之前都有前震。問題在於很難説清某個小型的地顫是一個獨立事件，還是大地震的前奏。但前震可以改變概率。根據歷史記錄，我們可以説，在接下來的100年內的某個時間，有可能發生一場大地震。但這樣一來，明天發生地震的概率就變成了1/36500。每年可能會有10次小型地顫，其中任何一個都有可能是大地震的前震。因此，探測出小型地顫也就把未來24小時發生地震的概率提高到1/1000。了解到斷層的具體位置、它們上次開裂是什麼時候，並在所有適當的位置安放儀器，有時可將預測的準確率提高到1/20。但這仍然相當於説明天有95%的概率不會發生地震，基本上不能在電台廣播上播報這一統計數值並以此為由疏散市民。不過它足以通知緊急部門待命，並停止運輸危險化學品。

## 大地震

| 位置 | 年份 | 震級 | 死亡人數 |
|---|---|---|---|
| 印度普傑 | 2001 | 7.7 | 20 085 |
| 薩爾瓦多 | 2001 | 7.7 | 844 |
| 秘魯 | 2001 | 8.4 | 75 |
| 中國台灣 | 1999 | 7.7 | 2400 |
| 土耳其 | 1999 | 7.6 | 17 118 |
| 阿富汗 | 1998 | 6.1 | 4000 |
| 伊朗北部 | 1997 | 7.1 | 1560 |
| 俄羅斯(庫頁島) | 1995 | 7.5 | 2000 |
| 日本(神戶) | 1995 | 7.2 | 6310 |
| 加州南部 | 1994 | 6.8 | 60 |
| 印度南部(奧斯馬納巴德) | 1993 | 6.4 | 9748 |
| 菲律賓 | 1990 | 7.7 | 1653 |
| 伊朗西北部 | 1990 | 7.5 | 36 000 |
| 舊金山(洛馬普列塔) | 1989 | 7.1 | 62 |
| 亞美尼亞 | 1988 | 7.0 | 100 000 |
| 墨西哥城 | 1985 | 8.1 | 7200 |
| 也門北部 | 1982 | 6.0 | 2800 |
| 意大利南部 | 1980 | 7.2 | 4500 |
| 伊朗東北部 | 1978 | 7.7 | 25 000 |
| 中國唐山 | 1976 | 8.2 | 242 000 |
| 危地馬拉市 | 1976 | 7.5 | 22 778 |
| 秘魯 | 1970 | 7.7 | 66 000 |
| 伊朗東北部 | 1968 | 7.4 | 11 600 |
| 中國古浪南山 | 1927 | 8.3 | 200 000 |
| 日本 | 1923 | 8.3 | 143 000 |
| 中國甘肅 | 1920 | 8.6 | 180 000 |
| 意大利墨西拿 | 1908 | 7.5 | 120 000 |

| | | | |
|---|---|---|---|
| 舊金山 | 1906 | 8.3 | 500 |
| 印度加爾各答 | 1737 | – | 300 000 |
| 日本北海道 | 1730 | – | 137 000 |
| 中國陝西 | 1556 | – | 830 000 |
| 土耳其安條克 | 526 | – | 250 000 |

## 實時警報

　　預測地震也許總是很難，但地震發生時是可以切實探測到的。這可以變成一種預警系統。1989年美國加州的洛馬普列塔地震之後，這一系統得到了驗證。尼米茲高速公路的隆起路段已經部分坍塌，救援人員試圖救出困在下面的駕車人士。巨大的混凝土板很不穩定，餘震會讓它們轟然倒塌。地震的震中遠在近100公里之外，因此，設置在斷層中的傳感器能夠利用無線電以光速發送警報，救援人員會在以聲速行進的地震波到達之前25秒收到預警，讓人們有時間清場。未來，可以利用這一系統給出地震主震的簡短警報。例如，從洛杉磯外的主斷層線發出的衝擊波需要一分鐘才能到達該市。無線電警報或許不足以疏散人群，但連入計算機系統後，警報有助於銀行保存賬目、電梯停止運行並開門、自動閥封鎖管道、急救車駛離建築物。

# 結　語

　　要介紹一個美妙的星球，本書的確只是個短小的讀本。我努力概述了某些關鍵過程的運作，它們分別發生在我們頭頂的星空和腳下的大地。我試圖解釋這些充滿生機的過程如何在地表彼此互動，才讓我們擁有了這個因為了解所以深愛的世界。那些過程產生了豐富多樣的地形、岩石和生命群體。我無意介紹是怎樣美麗的礦物和晶體組成了這個星球上的岩石；也沒有探討某些過程的細節，在這些過程中，岩石因構造力而上下顛簸，被風雨冰雪雕琢成我們生活的地球上這令人屏息讚嘆的壯麗地形。我沒有深究岩石的地下殘餘如何淤積在沉積層中，也沒有探察它們如何產生了肥沃土壤，讓我們的食物鏈得以存續。我更沒有細說這個星球最妙不可言的產物──生命，以及這個世界的物理力量如何與化學作用和自然選擇協力，讓我們的星球生機盎然。所有這些都該有各自的專著，一一進行更加完整的介紹。

　　然而，我的確相信我們的星球非常特別，如果不是各種地球物理過程的罕見組合，至少就我們所知，生命不會有機會如此輝煌地綻放。我試圖在本書中展

現世間萬物是如何彼此依賴的。沒有水，岩石便不會得到潤滑，花崗岩不會形成，我們也不會擁有大陸上的大塊陸地。沒有水，也就沒有雲和雨；只有風捲黃沙的沙漠地形，是不大可能孕育生命的。沒有液態水，生命的化學過程就無法起效，我們所知的生命也不會出現在地球上。沒有生命，也就不會有對大氣成分的回饋機制，至少到目前為止，正是這一機制讓氣候尚可承受。沒有生命，現在的地球要麼是個雪球世界，要麼是個超熱的溫室。

雖說在最近這十億年來的大部分時間裏，環境適宜、萬物生長，然而時至今日，我們的命運仍要聽憑地球的擺布。火山和地震等構造力量比水災、乾旱和風暴等大氣力量更為兇猛。它們吞噬了無數生命，讓數百萬人生活無以為繼。然而無論如何，我們倖存下來了。在很大程度上，我們像螞蟻一樣在地表忙忙碌碌，對宏闊的圖景不知不覺。但即使如此，人類本身也已經成為塑造星球的一股強大勢力。城市化和農業、土木工程和污染，這些人為過程改變了大片地表的樣貌。我們也為此付出了代價。當前動植物物種滅絕的速度甚至比白堊紀和二疊紀末期的物種滅絕速度還要快。如今，大氣成分的變化及其所導致的氣候變化看來比最後一次冰川期以來的任何時候都要迅速，持續的時間可能也要長得多。

我們早已不再是這個星球的受害者，而變成了它

的托管人。我們卻恩將仇報，對土地粗暴輕率地貪婪，對污染置若罔聞地輕忽。這樣做是要承擔風險的。我們仍然別無退路，畢竟所有的人都住在同一個星球上。我們應該照顧好這個星球，為它承擔起責任。但也要開啟征程去尋找新的家園，讓新技術帶領我們飛往外星。

無論我們怎樣小心呵護，這個世界都不會永遠存在下去。地球隨時都會因小行星或彗星的撞擊而毀滅，或者被附近某顆爆炸恒星的輻射穿在炙叉上烘烤。我們還有可能因為全面核戰而更早地面臨大致相同的結果。最終，在大約50億年的時間裏，太陽會耗盡其核心的氫燃料並開始擴張成一個火紅的巨星。最新的估計認為，白熱的氣體倒不會抵達地球這麼遠的地方，不過它必然會吞噬水星和金星。它會把我們美麗的世界燒成灰燼，燒乾海洋和大氣層，讓地球不再宜居。但就算對一個星球來說，50億年也是一段漫長的時間。所有的物種都會滅絕，從統計學角度來說，人類根本不可能存活500萬年，更不用說50億年了。或許那時會有一種新的生命形式統治地球，或許我們會演化或自我設計成不同的物種，又或許我們的後代會找到某種方式把記憶和意識封存進永生的機器。總而言之，我是個樂觀主義者，喜歡想像未來的行星科學家探索和開拓新世界，並把它們拿來與被我們稱為地球的這個生氣勃勃的行星相媲美。

# 推薦閱讀書目

T. H. van Andel, *New Views on an Old Planet* (Cambridge University Press, 1994). A good overview of plate tectonics and our dynamic world.

P. Cattermole and P. Moore, *The Story of the Earth* (Cambridge University Press, 1985). An astronomical perspective on our planet.

P. Cloud, *Oasis in Space* (W. W. Norton, 1988). Earth history from the beginning.

G. B. Dalrymple, *The Age of the Earth* (Stanford University Press, 1991)

S. Drury, *Stepping Stones* (Oxford University Press, 1999). The development of our planet as home to life.

I. G. Gass, P. J. Smith, and R. C. L. Wilson, *Understanding the Earth* (Artemis/Open University Press, 1970 and subsequent editions). This OUP introductory text has become a classic.

A. Hallam, *A Revolution in the Earth Sciences* (Clarendon Press, 1973)

P. L. Hancock, B. J. Skinner, and D. L. Dineley, *The Oxford Companion to the Earth* (Oxford University Press, 2000). An encyclopaedic reference from hundreds of expert contributors.

S. Lamb and D. Sington, *Earth Story* (BBC, 1998). A readable account of Earth history based on the TV series.

M. Levy and M. Salvadori, *Why the Earth Quakes* (W. W. Norton, 1995). The story of earthquakes and volcanoes.

W. McGuire, *A Guide to the End of the World* (Oxford University Press, 2002). A catalogue of catastrophes, real or potential, that could strike our planet. Not for the fearful!

H. W. Menard, *Ocean of Truth* (Princeton University Press, 1995). A personal history of global tectonics.

R. Muir-Wood, *The Dark Side of the Earth* (George Allen and Unwin, 1985). A history of the people involved in making geology into a 'whole Earth' science.

M. Redfern, *The Kingfisher Book of Planet Earth* (Kingfisher, 1999). A lavishly illustrated introduction for younger minds.

D.Steel, *Target Earth* (Time Life Books, 2000). The role of cosmic impacts in shaping our planet and threatening our future.

E.J. Tarbuck and F. K. Lutgens, *Earth Sciences*, 8th edn. (Prentice Hall, 1997). Another classic text.

S. Winchester, *The Map that Changed the World* (Viking, 2001). How William Smith published the first geological map in 1815.

E. Zebrowski, *The Last Days of St Pierre* (Rutgers University Press, 2002). Fascinating historical account of the geological and human factors that led to the volcanic destruction of St Pierre in Martinique.